光の源の大計画Part5

知球暦 光六年

幸せを呼ぶ数え宇多

智超法秘伝の威力

実技編

知抄

たま出版

SP -0:25:31

SP -0:22:04

光と化した地球への道しるべ

≪ 智超法秘伝 ≫

3．光呼吸（瞑想）　（1995年　受託）

4．闇を切る術（すべ）　（1995年　受託）

5．喜び・賛美・感謝の動・静功　（1996年　受託）

6．光人に変身する術（すべ）　（2000年　受託）

☆7．幸せを呼ぶ　数え宇多（うた）　（2000年　受託）

8．知光浴（ちこうよく）（瞑想）　（2000年　受託）

9．言の葉（ことのは）瞑想　（2001年　受託）

10．光生命体に成る術（すべ）　（2015年　受託）

魂の光輝への道しるべ

≪ 智超法秘伝 ≫

1．智 超 法 気 功　　　（1989年　受託）

（1）準　　備　　功　　10 式
（2）智 超 法 気 功　　3 式
（3）智 超 法 気 功　　5 式
（4）智 超 法 気 功　　8 式
（5）智 超 法 気 功　　10 式

2．気 功 瞑 想 法　　　（1989年　受託）

（1）初　　級
（2）中　　級
（3）上　　級
（4）ア デ プ ト（天目開眼功法）

光の源の大計画　Part5

知球暦　光六年

幸せを呼ぶ数え宇多

はじめの言葉（ことは）

喜びと　賛美と　感謝に　満ちる
光と化した地球
真の自由と
真の平等と
真の平和をもたらす
万物の根源　光の源（みなもと）　創造界へと
生命（いのち）の源に　地球人類を引き上げる　――

数億劫年前より準備されて来た、光の源の地球を救う、この大計画は、三次元に今在る、人類にも判る時が来ました。人間の頭の中で巡らす思考による肉体マントを、〈**魂の光**〉が、主役となって顕現する光のマントに、変容しなければ、次元不適応症候群に陥ってしまいます。

今、地球で起こっている喜ばしくないと思う現象は、光と化した地球に、同化出来ていないが故です。

光と化した地球とは、〈**次元上昇である**〉と、簡単にご説明申し上げることは、出来ません。

地球は、宇宙の中の小さな星ですが、今、光の源の大計画は、幾世層を閲して、地球を、そして、人類を、救う為に、本当の自分である〈**本性の光**〉に、活力を永遠に与え続ける、光の源よりのご使者として、〈**知抄の光**〉を地上に根付かせています。

☆（光の源の大計画　既刊四冊　ご参照）

そして、幾世層をかけて養成されて来た〈**大地を受け継ぐ者**〉として、新しい光と化した地球を構築する、**光人**〈**ヒカリビト**〉の生誕を証とし、実在の光の威力をもって、光を求める人々を、光へと引き上げる時を迎えました。

光の源の大計画を真摯に受けとめたお方から、まず、各人が体現することです。何人であっても、魂の〈**本性の光**〉と共でないと、理論も理屈も三次元の闇の中のことにしか過ぎません。魂の光が主役である光と化した地球は、〈**真我**〉による全知全能を〈**英知**〉として、地上にもたらし、顕現します。

各人の魂の光輝である、〈**真我**〉は、〈**本性の光**〉として、地上に、喜びと、賛美と、感謝をもたらします。昨今の地上全土の大いなる変容の中に、新たな〈知〉の時代の夜明けを迎えたことに、既にお気付きの方も、おられると思います。

あらゆる既成概念が大闇となって、見ても目に入らず、聞いても聴こえず、傍観者として眺めているだけのお方は、一歩も前へ進めません。地球存亡、人類存亡をかけて、個人の存亡に関わる、〈こと〉の重大さ故に、各人の魂の光輝への、切望なくしては、救いようも無い現状です。

幾重にも被っている人類の闇を切り、やっと、今、

人間とは、本来　光そのものである

ことに、〈目覚めたお方〉から、光へと引き上げる使命を私達は、

遂行する所存です。三次元の肉体の思考の中で培(つちか)って来た、すべての既成を、白紙にし、光と共に在らねば、暗黒の地球では、立ち行かぬことに、事実が先に、〈次元の上昇〉として、現出していることを認識しなければなりません。

〝真に光を求めし者のみが渡(わた)れる河(かわ)である〟

との、光の源のメッセージの通り、新しい光と化している地球に同化するか、今迄通り、光の河で溺れたままで過ごすかは、各人の自由意思で決めるしかないのです。地上人類は、地球に生誕した時より、光の源から各人に〈**自由意思**〉を賜(たまわ)っているのです。

自由意思を自らの存亡をかけて、自らが使う時が来たことだけは、確かです。そして、期限を切って、いついつまでに——とか、ああしなさい、こうしなさいとか、強制も命令も、一切の個人の感情にまでは、立ち入ることはありません。

今、何か身も心も重苦しくて、〈**何かが以前と違い、おかしい**〉と、思われたら、まず、どうすべきかは、ご自分で決断なさって頂くことのみです。すべては、**自力救済**です。

私達は、誰も歩んだことのない、宗教でも、哲学でも、如何(いか)なる地上の理論も理屈も、踏み込んだことのない、人間進化の足跡(そくせき)と証を顕(あきら)かにして、〈**真実**〉のみを学びの糧として、実在する知抄の光に導かれ、ここまで歩んで来ました。これからも休むことなく、刻一刻、光の源のご意思を地上全土に具現化しながら、〈**今在る**〉地球の〈**核そのもの**〉として、〈**大地を受け継ぐ**

者〉の使命を果たすのみです。

それでは、〈**真実の光**〉を、今度こそ、**ぱっちりと目を開け**、光と化した地球に、気付かれたお方から、尊い一生(いちせい)を、光のリズムで、自らの意思で、幸せを掴(つか)み採(と)って頂きたいと願います。

二〇一五年 七月 十一日

知抄

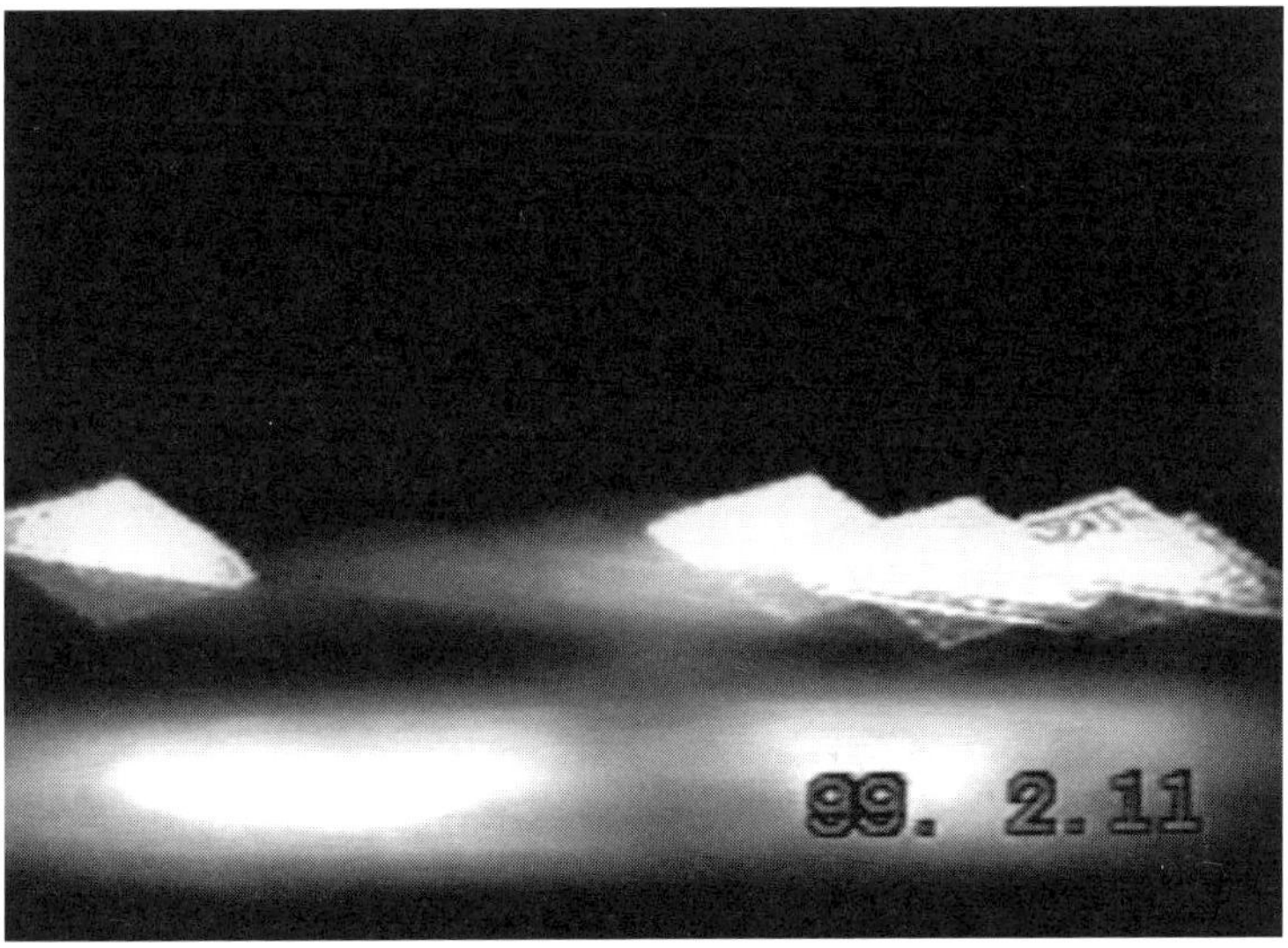

☆ メッセージ

〈光の写真について〉

光の道に 光の落とし物をしてきた
それは 知抄を助けることになるだろう
それは やがて 光を出し続け
人々の救済を より多くの人々を
目覚めさせることができる

1994年12月4日　受託

目次

— 光の源の大計画 Part 5

知球暦　光六年

幸せを呼ぶ　数え宇多

光の写真

智超法秘伝

はじめの言葉（ことは）／2

☆

メッセージ〈光の写真について〉

第一部

数え宇多（かずうた） うたおうっ!!　／31

智超法秘伝　数え宇多（かずうた）

（一）いちに　決断　Chi（知）ーsho（抄）の光

（二）にに　ニッコリ　喜び　賛美

（三）さんで　サッサと　感謝を　捧げ

（四）　よんで　良い子　光の子

（五）　ごうで　GO！　GO！　光を放ち

（六）　むは　無口で　実践　感謝

（七）　ななは　Night（ナイト）　&（アンド）　Day（デイ）も　サラサラと

（八）　やあは　ヤッサ　ヤッサで　Be young（ビーヤング）
（身も心も　Be young）

（九）

ここは　ここまで来ても　永遠（とわ）なる学び
（謙虚（けんきょ）　謙虚（けんきょ）で　キョン　キョン　キョン）

（十）

とうは　トウで成る　成る　光の地球
（スーレ　スーレ　光の源（もと）へ）
喜（よろこ）び　賛美（さんび）　感謝（かんしゃ）　スーレ
　　喜び　賛美　感謝　スーレ
喜び　賛美　感謝　スーレ
スーレ　スーレ　光の源（もと）へ

第二部

幸せを呼ぶ　数え宇多

／59

〈1〉

智超法秘伝　数え宇多の公表

二〇一五年　五月　四日

〈2〉

反発心や　抵抗は　全く無駄でした

二〇一五年　五月　五日

〈3〉

息子は　中学三年生になりました

二〇一五年　五月　五日

〈４〉

数(かず)え宇多(うた)は〈幸せを呼ぶ〉凄(すご)い秘伝でした

二〇一五年 五月 六日

〈５〉

幼児教室で　初めてうたった数(かず)え宇多(うた)

二〇一五年 五月 七日

〈６〉

脳(のう)を癒(いや)す数(かず)え宇多(うた)の威力

二〇一五年 五月 七日

〈７〉

息子に　数(かず)え宇多(うた)のＣＤをかけて……

二〇一五年 五月 七日

〈8〉

子育てパニックからの脱出

二〇一五年　五月　七日

〈9〉

八十歳　活力満ちて　仕事も現役

二〇一五年　五月　八日

〈10〉

才能開花を見せる　小学五年生の孫娘

二〇一五年　五月　九日

〈11〉

数え宇多（かずえうた）と共に　今も　これからも

二〇一五年　五月　九日

〈12〉

数(かず)え宇多(うた)の威力(いりょく)に　文句なく感謝を捧げます

二〇一五年　五月　十日

〈13〉

幸せを呼ぶ　お宝(たから)〈数(かず)え宇多(うた)〉

二〇一五年　五月　十日

〈14〉

数(かず)え宇多(うた)　うたえば　幸せに満ちる

二〇一五年　五月　十二日

〈15〉

宇多(うた)の威力　愛犬に教わる

二〇一五年　五月　十二日

〈16〉

歯の治療中（ちりょうちゅう）に　うたうと……

二〇一五年五月十三日

〈17〉

丸ごと私達は　幸せでーす

二〇一五年五月十三日

〈18〉

義母に聴（き）かせた　最後のＣＤ

二〇一五年五月十三日

〈19〉

数（かず）え宇多（うた）の　威力を知る

二〇一五年五月十五日

〈20〉

以前も　今も　知抄の光は変わらず

二〇一五年　五月　十六日

〈21〉

傲慢(ごうまん)な〈人間様〉の私に気付く

二〇一五年　五月　十六日

〈22〉

数(かず)え宇多(うた)と共に七十三歳をエンジョイ!!

二〇一五年　五月　十七日

〈23〉

数(かず)え宇多(うた)は　秘伝でした!!

二〇一五年　五月　十七日

〈24〉

私の内なる　数え宇多(かず)(うた)

二〇一五年五月十八日

〈25〉

光の河(かわ)で溺(おぼ)れていた私

二〇一五年五月十八日

〈26〉

実在である知抄の光に衝撃(しょうげき)

二〇一五年五月十八日

〈27〉

胆石(たんせき)の痛みを乗り越えて

二〇一五年五月十八日

〈28〉

人生後半にして出会った　お遊戯（ゆうぎ）……？

二〇一五年　五月　十九日

〈29〉

地球の変容が楽しみです

二〇一五年　五月　二十日

〈30〉

うたえば　魂が　自由に解放（かいほう）されます

二〇一五年　五月二十一日

〈31〉

セミナー初参加の知人と共に

二〇一五年　五月二十一日

〈32〉

うたえば　幸せの波動が伝わる

二〇一五年　五月二十二日

〈33〉

今迄（いままで）と違ったことが　起こっている

二〇一五年　五月二十二日

〈34〉

万人に対する秘伝・〈数え宇多（かずうた）〉

二〇一五年　五月二十四日

〈35〉

地球の礎（いしずえ）の光として

二〇一五年　五月二十四日

〈36〉

数(かず)え宇多(うた)と共に　悠々(ゆうゆう)とした生き方

二〇一五年五月二十五日

〈37〉

地震に揺(ゆ)るぎない心で居ました

二〇一五年五月二十五日

〈38〉

九州の地より数(かず)え宇多(うた)をうたう!!

二〇一五年五月二十六日

〈39〉

光の地球は　インテリ馬鹿には……?

二〇一五年五月二十六日

〈40〉

知抄の光様へ

二〇一五年 五月二十六日

〈41〉

〈十字（じゅうじ）の光・吾等（われら）〉と 共にうたう、、、

二〇一五年 五月二十八日

〈42〉

荒（あら）ぶる心の人々への子守うた、、

二〇一五年 五月二十八日

〈43〉

知抄の光を浴びに 東京さ行きました

二〇一五年 五月二十九日

〈44〉

主人が元気になりました

二〇一五年　五月　三十日

〈45〉

〈十字（じゅうじ）の光・吾等（われら）〉の御降下（ごこうか）を見た

二〇一五年　六月　七日

〈46〉

家族全員　幸せコースへ

二〇一五年　六月　七日

〈47〉

知抄の光による　うれしい誤算（ごさん）

二〇一五年　六月　七日

〈48〉

実在する知抄の光を体現

二〇一五年 六月二十日

〈49〉

光人(ヒカリビト)は 知抄の光への全託(ぜんたく)のみ

二〇一五年 六月二十日

〈50〉

光への生還(せいかん)!!

二〇一五年 六月二十日

第三部

智超法秘伝(ちちょうほうひでん)　その威力と足蹟(そくせき)／189

☆メッセージ

光の源(みなもと)の大いなる恵み

◇1◇ 数(かず)え宇多(うた)　うたい　光生命体へ

二〇一五年　二月　十一日セミナーにて

◇2◇ 光を守る者は　光によって守られる

二〇一五年　二月　十一日セミナーにて

③

数（かず）え宇（う）多（た）の真（しん）髄（ずい）

二〇一五年四月二十九日セミナーにて

④

知抄の光は本当に実在でした!!

二〇一五年四月二十九日セミナーにて

⑤

今を　この瞬間を　本気で生ききる

二〇一五年四月二十九日セミナーにて

⑥

毎日が　嬉しく　楽しく　幸せです

二〇一五年　七月　四日　セミナーにて

⑦ 人間は　瞬間しか光になれない

二〇一五年　七月　四日　セミナーにて

⑧ 光と闇との戦い!!

二〇一五年　七月　四日　セミナーにて

☆

メッセージ〈公言してはならない〉について

一九九五年　三月　十一日　受託

二〇一五年　七月　四日　セミナーにて

あとの言葉（ことは）／282

☆光の源よりのメッセージ

素晴らしき仲間の詩（うた）／288
智超法秘伝（ちちょうほうひでん）　数え宇多（かずえうた）／290
知抄　光の足蹟（そくせき）／292

第一部

数え宇多うたおうっ!!

智超法秘伝（ちちょうほうひでん）

数え宇多（かずえうた）

一　いちに　決断　Chi－sho（知抄）の光

二　ににニッコリ　喜び　賛美

三　さんで　サッサと　感謝を　捧げ

四　よんで　良い子　光の子

五　ごうで　GO！　GO！　光を放ち

六　むは　無口で　実践　感謝

七　ななは　Night（ナイト）＆（アンド）Day（デイ）も　サラサラと

八　やあは　ヤッサ　ヤッサで　Be young
（身も心も　Be young）

九　ここは　ここまで来ても　永遠なる学び
（謙虚　謙虚で　キョン　キョン　キョン）

十　とうは　トウで成る　成る　光の地球
（スーレ　スーレ　光の源へ）

喜び　賛美　感謝　スーレ
喜び　賛美　感謝　スーレ
喜び　賛美　感謝　スーレ
スーレ　スーレ　光の源へ

數(かず)え宇(う)多(た)

う、た、おうっ!!

一、いつでも　どこでも
二、動作を気にしないで
三、声に出しても
四、声は出さなくても
五、楽しく　自由に
六、口ずさみましょう

智超法秘伝（ちちょうほうひでん）

数（かず）え宇（う）多（た）

（一）いち

いちに

決断（けつだん）

Chi（知）ーsho（抄）の光

智超法秘伝

数(かず)え宇(う)多(た)

(二)に

にに

ニッコリ

喜(よろこ)び　賛(さん)美(び)

智超法秘伝

数(かず)え宇(う)多(た)

（三）さん

さんで

サッサと

感謝(かんしゃ)を　捧(ささ)げ

智超法秘伝

数(かず)え宇(う)多(た)

(四)よん

よんで

良(よ)い子

光(ひかり)の子(こ)

智超法秘伝

数(かず)え宇(う)多(た)

（五）ご

ごうで

G(ゴ)O(ー)!　G(ゴ)O(ー)!

光を放(はな)ち

智超法秘伝

数（かず）え宇（う）多（た）

（六）む

むは

無口（むくち）で

実践（じっせん）　感謝（かんしゃ）

智超法秘伝

数(かず)え宇(う)多(た)

（七）なな

ななは

Night(ナイト) &(アンド) Day(デイ)も

サラサラと

智超法秘伝

数（かず）え宇（う）多（た）

（八）やや

やあは

ヤッサ　ヤッサで

Be（ビー） young（ヤング）

（身も心も　Be young）

智超法秘伝

数(かず)え宇(う)多(た)

（九）ここ

ここは

ここまで来ても

永遠(とわ)なる学(まな)び

（謙虚(けんきょ) 謙虚(けんきょ)で キョン キョン キョン）

智超法秘伝

数（かず）え宇（う）多（た）

（十）とう

とうは

トウで成（な）る　成（な）る

光の地球（ちきゅう）

（スーレ　スーレ　光の源（もと）へ）

喜(よろこ)び　賛美(さんび)　感謝(かんしゃ)　スーレ

喜び　賛美　感謝　スーレ

喜び　賛美　感謝　スーレ

スーレ　スーレ　光の源(もと)へ

第二部

幸せを呼ぶ数（かず）え宇多（うた）

〈1〉

智超法秘伝(ちちょうほうひでん)　数え宇多(かずえうた)の公表

二〇一五年　五月　四日

誰でもがうたえて、三次元の人間が光次元に行ける、新しい光の地球への道しるべ、数え宇多のお話をお聞きしたのは、二〇〇〇年の秋のことでした。そのフレーズをスタッフが各人自己流でうたってみたのですが……。**もっと軽やかで、すごく楽しくなるはず**……と、知抄先生からご指導を頂きました。

その時に、知抄先生は、私達にお手本を示されたのです。それは、究極(きゅうきょく)の明るさで、細胞一つひとつへと、言葉が響(ひび)き渡り、その音色(ねいろ)の美しさは、それはまさしく天界(てんかい)からの声でした。

それからは、数え宇多の、一番から十番を声に出すと、自然にリズムがついてきて、様(さま)になりました。

人間智を超える智超法秘伝ですから、その真価(しんか)は、三次元から光次元へと、魂の〈**本性(ほんせい)の光**〉を、自由に解放出来ることが、判りました。誰にでも、実に判り易い言葉で、ユーモアのある動作と共に、実践すると、身も心も軽くなり、楽しく嬉しくなって行くのでした。

　こうして、数え宇多は、喜びの中でうたうと、幸せを呼ぶ、真実の足跡(そくせき)を、証(あかし)として刻(きざ)み、共に歩み続けているのです。

Y・J記

〈2〉

反発心や　抵抗は　全く無駄でした

二〇一五年　五月　五日

幼稚園のころ、お遊戯(ゆうぎ)が大嫌いで、お遊戯がある日は、泣いて幼稚園に行かず、母親を困らせました。

それは、女の子がやるもので、男の自分がやるのは、みっともない――と、六歳の私は思っていたのです。智超法秘伝(ちちょうほうひでん)**〈数え宇多(かずえうた)〉**が、教室で初めて公表された時は、お遊戯が嫌(きら)いな私には、ずいぶん抵抗がありました。

「**一体これは何だ！**」と。

仕方(しかた)なく、輪(わ)の中に入り、歩きながら、声に出してうたうと、反発心(はんぱつしん)や、抵抗(ていこう)がなくなっていました。

その時気付いたのは、実に、きれいな声になり、よくとおる声になっていたのです。家人からは〈声が大きい〉と言われましたが、自分では、張りのある、良い声が出るようになったと、なんとなく嬉しくなっていたのでした。

それ以来、数え宇多を、うたうと、身も心も活力に満ちて、色白になるのです。そして、若返るのです。

お教室では、輪の中に自ら喜んで入り、幼子になって、うたうのが無上(むじょう)の楽しみとなっています。

N・K記

〈3〉

息子は　中学三年生になりました

二〇一五年　五月　五日

二〇〇〇年十二月三日の日曜日、待ちに待った智超法教室（現在は智超教室）へ、出産後初めて、子供と共に参加しました。お教室が始まるとすぐに、皆が輪になり、新しい智超法秘伝、数え宇多が披露されました。

輪の中心におられるスタッフのお方は、身体中が、喜びで弾けんばかりの、凄いパワーで、そのお姿に魅了されました。共にうたっている全員が、まっ白なお顔になって、輝いているのでした。

私は、輪に沿って歩きながら、ただただ、嬉しいだけで、お腹の中から笑いが込み上げて来て、声を出して笑っていました。

その時に、共に連れて行った息子は、今、中学三年生になります。大病もせず、部活に、勉強に、一生懸命(いっしょうけんめい)頑張る、元気な子供に成長させて頂いております。

何より有り難いのは、今迄ずっと、学校の個人面談で、必ず担任の先生より、誰とでも仲良く出来るお子さんです。──と、お褒(ほ)めの言葉を頂いて来たことです。

いよいよ高校の受験が待っていますが、数え宇多を口ずさみながら、楽しく過ごしております。

K・M記

〈4〉

数え宇多は〈幸せを呼ぶ〉凄い秘伝でした

二〇一五年　五月　六日

十五年前のことです。智超法秘伝の〈数え宇多〉が、初めて公表された教室に、私は参加していました。輪になって、数え宇多が、始まった時には、一生懸命に振りをまねながら、幼児たちと共にうたいました。それは、遠い昔に、私が、幼稚園の先生に、お遊戯を教わっていた時のように、自然に、幼子になっていきました。

ただ嬉しくて、楽しくて、くるくる周りながら、数え宇多をうたっていくと、参加している全員が、笑顔になっていくのです。

特に、九番の、〈ここは　ここまで来ても　永遠(とわ)なる学び、謙虚 謙虚でキョンキョン　キョン〉では、うさぎさんのように、ぴょんぴょんと跳ぶと、身も心も軽くなっているのでした。

その日の感想を、お教室でお話しさせていただいたビデオを、最近、十五年ぶりに、見せていただく機会がありました。ビデオに映っている私は、別人のように色白になって、光り輝いていたのです。

十五年前も、今も、智超法秘伝、数え宇多は、〈幸せを呼ぶ〉凄(すご)い秘伝であることに、今頃気づくという無知を、何故か、大喜びで、笑い声を立てながら、お詫(わ)び申し上げます。

I・M 記

〈5〉
幼児教室で　初めてうたった数え宇多(かずうた)

二〇一五年　五月　七日

研究科の前に、新しく〈**幼児教室**〉が開講されることになりました。どんな教室か、と思って、覗(のぞ)いてみました。今迄と全く違う、想像すらしていなかった、智超法秘伝(ちちょうほうひでん)の〈**数え宇多**〉が公表されていたのです。

二〇〇〇年十二月三日のことでした。この日が初日で、子供以外に、赤ちゃんから、かなりのご年配の大人達も、沢山(たくさん)参加されていました。

この〈**数え宇多**〉は、うたえばどうなるのか……と、思っていましたら、全員が、楽しく、嬉しく、笑顔に変わっているのでした。私も、幼子になって、輪に入って、お遊戯（ゆうぎ）のように、振（ふ）りをつけて、共にうたいました。鏡に映る皆さんのお顔も、真っ白になって、若返り、私も、美しく、年齢不詳（ねんれいふしょう）になって輝いていました。誰もが、人間本来の〈**魂の光**〉を自由に解放し、輝かせ、幼子になって、喜びが、嬉しさが、爆発して、どんどん拡がって行くのでした。

　この幼児教室での数え宇多の凄（すご）さは、話題になり、翌週は、溢（あふ）れんばかりの、大人達が、幼児教室に入られたのです。

T・K記

〈6〉
脳を癒す数え宇多の威力

二〇一五年 五月 七日

智超法秘伝の〈**数え宇多**〉が、初めて幼児教室で公表された日、私は午後の教室に出席の為、教室の入り口で開始の時間待ちをしていました。教室の扉が開き、出てくる方々の顔を見て驚きました。大人の誰もが、まるで幼子のように明るい笑顔で、日常の生活離れした、晴れやかさで輝き、高揚し、お風呂上がりのように、頬が紅潮している様子を、目の前にしたのです。

これは〈スゴイ〉……と思いました。その後、各教室においても、学べるようになりました。魂の光輝への道しるべである数え宇多は、理論も、理屈も、全くいらないのです。実践すれば、結果は事実として証(あかし)されるからです。

私も、会社の研修中に、隣の席の方が、何回も講師からきつく注意を受け、声を荒げた言葉が聞こえる度(たび)、自分の脳が、ちりちりとして、どんどん縮(ちぢ)んで硬くなって、麻痺(まひ)し、思考が失われていくのを感じたことがありました。研修中の覚える事が、とても困難な、辛い状態に追い込まれたのです。

その日の研修が終わり、自宅で数え宇多のテープを聴きました。すると、渇(かわ)ききった大地に、水が浸み込むように、縮んだ脳が、柔らかさを取り戻し、どんどん瑞々(みずみず)しく甦(よみがえ)ってくる体験をしています。

T・R記

〈７〉

息子に　数え宇多（かずうた）のＣＤをかけて……

二〇一五年　五月　七日

春の健康診断で、息子が胃の再検査を受けることになりました。表面はきれいですが、一部腫（は）れているとのことで、ＣＴ検査を受けることになりました。

私は、知抄の光に、「お救い下さい」と、お願いし、息子の部屋の本棚に、光の源の大計画 Ｐａｒｔ４ **〈地球人類は光命体（こうめいたい）になる〉**の、知抄先生のご本を、正面から見えるように置きました。そして、〈数え宇多〉のＣＤを、ずっとかけておりました。

後日、検査を受けましたが、検査の時には、腫れがすっかり消えており、異常なしとのことでした。本人は、今回のことは何だったのかと、不思議そうにしておりましたが、私は、〈知抄の光〉の威力で、闇を光で照らして、助けて頂けたと確信しております。それは、その後、息子が随分変わったからです。以前にも増して、私達を気遣ってくれるようになりました。とても嬉しいです。ありがとうございます。

知抄の光に、深く、深く、感謝申し上げます。

O・Y記

〈8〉

子育てパニックからの脱出

二〇一五年　五月　七日

知抄先生、こんにちは。

私は、〈**親子教室**〉（第一・第三日曜日　十時〜十時四十五分）神宮外苑フィットネスクラブサマディに在籍している、二児の母です。

次男が川崎病に罹（かか）り、四月二十日から入院しておりましたが、四月二十八日には、外泊許可が出て家に帰ることができ、私は四月二十九日に、みらいホールで開催されたセミナーに、参加することが出来ました。

その後も順調に回復して、五月一日に退院、ゴールデンウィークには、予定していた通り、義母も共に、家族旅行に行くことが出来ました。

思えば、知抄の光に出会った二年半前から、たくさんの恩恵を頂いてきました。もともと私は、子育てに苦手意識があり、次男が生まれてすぐ、パニックに陥りました。すべてを、後ろ向きにしか捉えられなくなり、子どもの良い面が見えなくなり、心配と不安に、すべてが支配されて、近くにいるはずの子どもたちが、とても遠い所にいるような感覚になってしまいました。

そのような中、知抄の光に出会いました。もやもやした頭を、ふりきるようにして、〈**数え宇多**〉をうたったり、〈**智超法気功**〉を実践することで、少しずつ頭がすっきりと晴れ、重かった身体が、軽くなり、変わりました。

知抄の光に出会って、何より良かったことは、「**子どもが可愛くて仕方がない**」という感覚になれたことです。数多くの育児情報に囲まれ、身動きがとれなくなっていた自分が、ほどけてやわらかくなり、子どもと一体になることが、出来るようになりました。子どもが今、どのような状況にあり、何を欲しているかが、話をしなくても判り、また、私がそのような状態にあると、私の気持ちも子どもに自然と伝わり、スムーズに物事が進みます。

これは、知抄の光に出会う前には、全くなかったことです。想像したことすら、ありませんでした。子どもたちがニコニコ笑ってくれるので、今は、私の方が助けられ、子どもから多くの学びを頂いています。

これからも、二十四時間、一瞬一瞬を光に捧げ、〈**数え宇多**〉をうたい、前だけ見て、光だけ見て、一歩ずつ、光の源（みなもと）目指して、歩み続けます。

知抄の光、知抄先生、スタッフの皆様に、すべてを捧げ、感謝申し上げます。

S・M記

〈9〉

八十歳　活力満ちて　仕事も現役

二〇一五年　五月　八日

昼も、夜も、寝ている時も、〈数え宇多〉は、日々の生活の二十四時間を、喜びと、賛美と、感謝に満ち溢れる、光そのものに、私達を引き上げて下さる、光への道標です。病気がちだった八十歳の主人は、〈数え宇多〉の威力を頂き、活力に満ち、現役で今も仕事をこなし、シニアを超越して、過ごせるようになりました。

〈数え宇多〉をうたうと、光の源へ、光の源へと、誘われ、幼子のような素直な心になり、その上、更に、楽しく、嬉しくなるのです。

笑いの乏(とぼ)しい、気弱な、病弱だった私は、数え宇多をうたうと、、、
身も心も軽くなり、色白に、美しく若返り、笑顔に変わります。

毎日、カセットを聴き、何をしていても、心の中で、口ずさみながら、光と化した地球に、同化し、〈**光生命体**〉として、少しでも前へ、前へと、光の源目指して、歩ませて頂いています。

この幸せを呼ぶ、〈**数え宇多**〉の波動が、地球全土に拡がり、生きとし、生けるすべてのものが、喜びと、賛美と、感謝に満ち溢(あふ)れるよう、心から願います。

M・M記

〈10〉

才能開花を見せる　小学五年生の孫娘

二〇一五年　五月　九日

生後十ヶ月になる孫娘を連れて、娘と一緒に、初めてファミリー教室に行った時のことです。

数え宇多（かずうた）が始まると、孫娘は、急にリズムを取り、〝**喜び　賛美　感謝　スーレ**〟の時には、身体を前後に動かし、見ている大人達を驚かせ、笑顔にさせてくれました。

こんな幼子にも、数え宇多の威力が、喜びとなって、身体中を光で照らし、一瞬で楽しく、嬉しく、光次元へと引き上げて下さることが、本当に、良く判りました。

♡ 数え宇多　うたおうっ!!

その日から十年が経ち、孫娘は、小学五年生になります。幼稚園の時の音楽祭で、ドラムを担当して、堂々と演奏をする姿には、パパとママもびっくりでした。今では、自己流で覚えたというキーボードを上手(じょうず)に弾(ひ)きこなし、進化して行く姿を、嬉しい驚きで、見守っています。自然を観察して描いた絵は、のびのびとしていて、〈**すごく上手**〉と、思うのですが……。動物も大好きで、介助犬のこととなると、もう夢中です。

知抄の光を浴びて、数え宇多をうたったあの日から、〈**本性(ほんせい)の光**〉が共にあり、多方面での才能の開花へと導かれていることが判ります。自由闊達(かったつ)に、日々賢(かしこ)くなって行く、孫娘の姿に、思わずエールを送りたくなる、幸せなババです。

K・Y記

〈11〉

数え宇多と共に　今も　これからも

二〇一五年　五月　九日

光の源より、西暦二〇〇〇年に与えられた、智超法秘伝、〈数え宇多〉は、私の人生において、常に心の拠り所として、その威力を顕現して下さっています。

そのなかでも、八年前の米国留学の際は、語学を学ぶどころか、生活そのものが、陸の孤島のように立ち行かず、最初の数週間は、本当に厳しい状況でした。

何も頼ることのできない現実の中で、とにかく必死で、バスの中でも、キャンパスでも、〈数え宇多〉を口ずさみ、知抄の光にお願いし、孤独と格闘していました。

そんな折に、ばったり、友人と出会い、私の環境は一変しました。今では、また行ってみたくなるほど、良い思い出の一つとなりました。そして、母親の入院介護の諸問題。仕事上での、理不尽なトラブル。また末っ子の出産の際に、予想外の難産。

今迄遭遇して来た、様々な難局を、いつも良い方へと、導き解決して下さった救い主、知抄の光の威力は、体験した者のみが理解できる〈**数え宇多**〉の凄さです。

魂の光輝への道しるべとして、数ある〈**智超法秘伝**〉の中で、私にとっては、実行し易く、本当に幸せを呼ぶ、数え宇多です。

O・Y記

〈12〉

数え宇多の威力に 文句なく感謝を捧げます

二〇一五年 五月 十日

〈**智超法秘伝**〉を学び、二十数年あっという間に経ち、私も八十歳になりました。肉体の足腰は少し衰えを感じますが、身も心も軽く、楽しく、ときめく日々です。

朝起きて顔を洗い、鏡を見、今日も元気だ、喜びと、賛美と、感謝で過ごそう、〈**光命体**〉になるぞーと、思うと、数え宇多が、自然に体の中の方からうたい始めるのです。

外出している時は、バスや電車の中でも、本当の自分である内なる〈**魂の光**〉が、うたい続けているのが判ります。バスの中では、この波動をすぐにキャッチして、泣いている児は泣き止み、ニッコリと私の方を見つめるのです。

私が乗るバスは、車内が、一瞬で暖かくなり、穏やかな、楽しい空気に変わります。これが、智超法秘伝、〈**数え宇多**〉の威力だと判るので、私自身も、楽しく、嬉しくなるのです。いつの間にか、喜びだけで、なにも考えないで、頭は幸せに満ちて、ずっと〈**光そのもの**〉でおれるのです。

十五年前、最初に智超法秘伝の〈**数え宇多**〉を聴いた時は、**「大の大人が、理論理屈（りくつ）もない、こんなうたに、ついていけるのか？」**……と。不遜（ふそん）にも、半信半疑でおりました。何回かお教室で続けているうちに、私の個や我、そして白紙の心になれない、既成概念（きせいがいねん）で捉（とら）われていた、思考の闇が、消えて無くなるのです。

そして、身体はホカホカに暖かくなり、私は色白に若返り、楽しくて、喜びの中に居るのでした。

三次元にある、肉体人間を、光次元に引き上げて下さる〈**数え宇多の威力**〉に気付くまで、随分(ずいぶん)と時を要しました。

今、八十歳になりますが、精神も、五感も、細胞一つひとつまでも、若返り、色白お肌に変容する、この智超法秘伝・数え宇多を体験することで、頑固な私の既成概念(きせいがいねん)は、見事に焼き尽くされてしまいました。実在する知抄の光の御前に、すべてをゆだね、感謝を捧げます。

K・K記

〈13〉

幸せをよぶ　お宝〈数え宇多〉

二〇一五年　五月　十日

二〇〇〇年十二月三日、智超法秘伝、数え宇多がお教室で公開された初日、輪になった中央で、私は数え宇多をうたい、喜びに満ち溢れる幸せを、体現させせて頂きました。

　その喜びは、尽きることなく、赤ちゃんからパパ、ママ、ジジ、ババ、すべての参加者が、喜びと、賛美と、感謝の渦の中で、光と共に、一体となってうたっていました。

　歌も、踊りも、苦手な私が、数え宇多をうたう度に、喜びが湧き上がり、胸の奥が熱くなり、身体が自然に動きだし、活力が満ち溢(あふ)れて、爆発(ばくはつ)したようでした。自分でも本当に不思議なことでしたが、踊っていたようです。身も心も軽くなり、身体が浮いて、跳(と)んだりしながら、夢中になってうたっていました。

今では、数え宇多をうたうだけで、即〈**光生命体**〉に変えて頂けます。ここまでの体験の積み重ねで判った、その奥深い秘伝の威力は、尽きることがありません。本当に、幸せを呼ぶお宝、〈**数え宇多**〉のこの真実の真価に、目の覚める思いで、感謝を捧げます。光の地球を歩む人類に、光の源(みなもと)からお与え頂いた、〈**数え宇多**〉を口ずさみ、実在する知抄の光で統一された、光の地球を構築(こうちく)して共に歩みます。

F・N記

〈14〉

数え宇多(かずうた)　うたえば　幸せに満ちる

二〇一五年　五月　十二日

四月にオープンした、四ツ谷〈シニア元気教室〉での、〈数え宇多〉は、今迄何をしていたのだろうと思う程、全く、別の次元で、その領域に全員が飛び込んだことを、確信させて頂けました。これまでも、余計なものが何もない、幸せを体感させて頂いて参りました。

今回は、もっと、もっと、何も無く、シンプルで、それでいて、喜びと、賛美と、感謝が、自然に湧き上がって来て、深まり、信じられない程の爽(さわ)やかな身軽さでした。

その後のサロンで開催された、〈**はつらつ元気教室**〉では、数え宇多をうたう皆さんのお顔が、三次元の人間のお顔ではなく、ハッキリ、クッキリ、個性豊かになられ、神々しく輝き、活力に満ちる若々しさに驚きました。更に、日を追うごとに、智超法秘伝の威力に、〈**数え宇多**〉への確信を揺るぎないものにさせて頂きました。

　マナマナ産経学園の智超教室は、とにかく明るく楽しいのです。金粉が常に現実にお出ましになられるので、一層、喜び、賛美、感謝スーレで、幸せが満ち溢れて、爆発しそうな喜びになれるのです。

　家ではＣＤをエンドレスにかけ、息子は、本人に一番合っている大学に今年、入れました。こんな夢のような別世界が存在していること、この幸せを、体感出来ることは、無上の恩恵です。
　この幸せを、喜びを、地球全土に振り撒き、振り撒き、喜び・賛美・感謝で満たします。

N・M記

☆

喜び　賛美　感謝　スーレ

喜び　賛美　感謝　スーレ

喜び　賛美　感謝　スーレ

スーレ　スーレ　光の源へ

2001年8月 幼児教室にて 撮影
今、各分野で才能を開花させています。

〈15〉

宇多の威力　愛犬に教わる

二〇一五年 五月 十二日

数え宇多の威力に初めて気が付いたのは、愛犬との散歩中でした。先天性股関節形成不全とは知らずに、公園で散歩中にへたり込んでしまう愛犬を、強引に引っ張っていた時です。

地べたに座り込んで、びくともしない愛犬に、数え宇多を聴かせると、歩き始めるのです。本当に不思議だなあ——と、思いながら、散歩の時は、いつも声を出してうたいながら、出発しておりました。外でうたうと周りの空気が変わり、雲や木々と会話できるように思います。

辛い目に遭った時のみに、魂から奮い起こすように切望して、うたっていた〈**数え宇多**〉は、もう遠い昔のことになりました。

〈**一に決断**〉の、一瞬で光になれる術を、二月十一日に開催された〈**光生命体に成る**〉セミナーで教わって以来、数え宇多は、人間が〈**本性の光**〉を自由に解放し、自らが、光生命体に成る為の、〈**魂の光輝への秘伝**〉だったことにやっと気付かせて頂きました。数え宇多をうたうことにより、思考の闇から脱出し、即、光になれることが、本当に体験出来たのです。

魂の光が肉体にお出ましになられるのですから、地球上の闇が消えるのは、当然であったことが判りました。幸せを呼ぶ、〈**数え宇多**〉の深意に、胸の奥が熱くなりました。

W・Y記

〈16〉 歯の治療中に うたうと……

二〇一五年 五月 十三日

私は今、歯の治療に通っています。毎回のことですが、口を開けた時から、怖さと、緊張感で、身体がどうしても硬くなってしまうのです。今日も歯の治療中ずっと、〈数え宇多〉をうたい続けておりました。

目を閉じて、胸の奥に向かって、うたっていると、自分の身体全身が暖かくなってきて、愛に包まれ、光化するのがよく判りました。怖さも緊張感も嘘のように消えて、嬉しく、楽しく、足先がリズミカルに軽やかな感覚になるのです。

そして、胸の奥から、光がどんどん全身に拡がって行き、頭の天辺（てっぺん）から手足の先まで、光で満たされて、暖かくなって行くのです。治療台の私は、〈**光そのもの**〉に変容し、私の居るこの場が、光場（ひかりば）になっているのでした。

治療が終わって、目を開けると、すっかり室内が、鮮明に明るくなっていて、先生のお顔も色白に若返られて、爽（さわ）やかな笑顔になっていました。周りをよく見ると、助手のお方も、受付のお方も、皆さん、ニコニコ笑顔で、来た時とは、全く異なる、爽やかな空間に変容していました。本当に驚きました。

M・N記

〈17〉

丸ごと私達は 幸せでーす

二〇一五年 五月 十三日

数え宇多というタイトルについて、以前気になって調べてみたことがありました。出て来たのは、〈**数え歌**〉。歌詞の頭に数字を読み込み、1から順に数え上げて歌うものだそうです。

民謡や童歌として歌われるようで、私も子供の頃に、〈**どちらにしようかな？**〉等と、知らずに歌っていました。その事を思い出した時、〈**数え宇多は、子供に戻っていいんだよ**〉——と、光の方々に言ってもらえた気がして、とても嬉しく、気が楽になりました。

社会人になってからの私は、素直ではいけない、自由ではいけない、そんな窮屈さをずっと感じて、二十九年間過ごして来ました。

お教室で数え宇多をうたう度に、ありのままの自分が出て来て、嬉しくなるのです。そして、アッと言う間に、同じ考えをお持ちのお方に出逢い、〈アレヨ〉と思う間もなく、人生の光の伴侶を賜りました。

すべて、丸ごと私達は、幸せでーすーーと。

光の源へ、主人と共に、喜びと、賛美と、感謝が、届くように、叫んで、過ごしています。

N・Y記

〈18〉

義母に聴かせた 最後のＣＤ

二〇一五年 五月 十三日

同居していた義母の最晩年に、私は二十年ぶりに、智超教室へ復帰する御縁を頂きました。その直後に、早速〈**数え宇多**〉のＣＤを購入していたのです。

家人の留守中に、介護ベッドに横たわる義母と、二人だけになる、機会がありました。急に私は、思い立って、義母の枕元にラジカセを持参し、大きな音で、〈**数え宇多**〉をかけたのです。混濁した意識の中で、聴いたであろう、義母は、その数か月後に、安らかに旅立ちました。

義母の口からは、殊更に何かを聞かされたわけではありませんが、光の源へ戻って行く、光の旅路の道しるべ、幸せを呼ぶ、〈**数え宇多**〉を聴かせてあげられたことは、私の数少ない、親孝行だったと思います。

W・K 記

〈19〉 数え宇多の威力を知る

二〇一五年 五月 十五日

いつでもどこでも、何をしていても、数え宇多をうたうと、その威力を実感させて頂けます。

十年近く前の事です。私は、ベッドの中で、突然心臓が、キューッと縮むような感じになり、意識がスーッと、遠のいて行くような体験をしました。まるで奈落の底へ引き込まれるようで、

〈死ぬとはこういうことなのか〉と、思いました。

救急車を呼んでもらわないと――と、思った時、

「そうだ、こういう時こそ数え宇多をうたおう」――と、ヒラメ

キました。

光の源目指して、〈**数え宇多**〉をひたすらうたい続けました。うたっていると、不安や恐怖感が消えて、身も心も暖かく緩(ゆる)み、鈍重(どんじゅう)な三次元の肉体は、明るい光の方へと、軽くなって、浮上していく感じに変わりました。うたい続けて、いつの間にか眠ってしまいました。

翌朝起きると、いつも通りに、元気な私でした。

〈**数え宇多の威力**〉を思い知ったのは、この日からでした。

本当に、幸せを呼ぶ〈**数え宇多**〉に、感謝あるのみです。

K・M記

〈20〉

以前も　今も　知抄の光は変わらず

二〇一五年　五月　十六日

今、日本列島を見渡すと、ボロボロに、ほころびた、日本が見えてきます。そして、地球全土を見ると、色々な場所が、でこぼことというか、あちらこちらに、穴が開いたように黒くなっている地球が、見えたりします。これ等すべてを、良い方へと、再生するには、あせらず、私達が光を注ぎ、その一つひとつを、光に変えるしかないことが、良く判るようになりました。その為には、私自身が、まず、〈**光生命体**〉に、変容しなければなりません。

今、私は、二〇〇〇年の夏に開催された、大阪セミナーのビデオを見ています。今迄は、気付かなかったのですが、薄緑色の光が、セミナー会場一杯に、降りているのでした。

当時も、今も、知抄の光の威力は、変わらないことがよく判りました。それもその筈(はず)です。救い主、知抄の光は、時間も、空間も、因果律(いんがりつ)も、超えているのですから。

今回、やっと、私にも、十五年前のセミナーの凄(すご)さが、ビデオで判らせて頂ける光の旅路に来られました。

本当に、こうした貴重な証(あかし)を、ありがとうございます。

U・H記

〈21〉

傲慢（ごうまん）な〈人間様〉の私に気付く

二〇一五年 五月 十六日

第二回、〈あのセミナーを再び〉ビデオ講座に、参加させて頂き、感動と、知抄の光の威力に圧倒され、もう言葉もありません。

知抄の光と共に歩む、瞬間・瞬間の自力救済こそが、日常生活の中で、光生命体として生きる賜（たまわ）りものでした。そのことが今、判り、嬉しくて胸の奥の知抄の光に平伏（ひれふ）しました。そして、知抄の光に、感謝の気持ちが満ち溢（あふ）れて、自然に頭が下がりました。

十八年前、私もあのセミナーに参加しておりました。しかし、無知とは言え、私達は、実在の知抄の光を頂きながら、何一つ理解すら出来ないで、見ても見えず、聞いても聴こえず、それでいて、身に修まっていると思い込んでいたことが、音を立てて崩れ落ちました。

知抄先生から大きな愛を頂いて、ここまで光の道を歩ませて頂けたことが、どれ程の恩恵であったか、今回こそ、判りました。計り知れない知抄先生の自己犠牲（ぎせい）の上に、私は、個や我を出し続けて、なんと、傲慢（ごうまん）な人間様でいたか、気付きました。

これからは、光だけ見て、光と共にある時のヒラメキを大切に、光の地球の礎の光として、幸せを呼ぶ、数え宇多を本当に、真摯（しんし）に研鑽（けんさん）、実践致します。揺るぎない歩みをする覚悟が出来ました。

F・A記

〈22〉

数え宇多と共に七十三歳をエンジョイ!!

二〇一五年　五月　十七日

いちに　決断　Chi-sho の光　で始まる智超法秘伝、幸せを呼ぶ、〈**数え宇多**〉、一番から十番を口ずさんでいますと、段々身も心も軽くなり、幸せな気持ちになってくる日々の体験は、本当にその威力にひれ伏す思いです。

胸の奥が暖かく、喜びと、賛美と、感謝に、満たされます。この数え宇多は、実在の知抄の光の愛が、無限に詰まっている宝石箱を、一つひとつ開くように、重い三次元の、七十三歳の私のこの肉体を脱出して、魂の光が、自由に解放され、光の源に軽やかに飛んで行く感覚が判ります。

　四月二十九日に、横浜のみらいホールで開催された、〈**光の地球に適応しよう**〉セミナーの舞台で、智超法秘伝の数え宇多をうたった時は、本当に今まで体験した事の無いような、喜びと、賛美と、感謝に、全身が満たされ、幸せな感覚を満喫（まんきつ）しました。

　日常生活では、いつも数え宇多を口ずさみ、その威力に益々（ますます）確信を深め、病気知らずで、快適なシニア生活をエンジョイしています。ありがとうございます。

S・T記

〈23〉 数え宇多は秘伝でした!!

二〇一五年 五月 十七日

〈数え宇多〉を、教えて頂いた、初めの頃のことです。私は太っているので、縄跳びをやってみようとしました。何度やっても九回以上続ける事が出来ないのでした。ところが、〈数え宇多〉をうたいながらすると、続けて百回跳ぶ事が出来たのです。

そこで発奮して、ウォーキングなど日頃しない私が、蒲田から横浜まで、歩いてみようと、地図も持たず、線路に沿って歩きました。疲れるというより先に、歩くことに、私は、飽きてしまいます。

そこで、数え宇多をうたって歩くと、なんと、今迄の自分の身体と違い、足が前へ、行くようになりました。何度も途中で止めて、電車に乗って帰ろうと思うのですが、その度に、思い直して、〈**数え宇多**〉をうたい、四時間かかって横浜まで歩き通すことが出来ました。

その時は、〈**数え宇多**〉の深遠（しんえん）な意味については、まだ何も知らなかったのです。何か、知抄の光の凄（すご）さのようなものを、感じてはおりました。今では即、身も心も軽く、困難なことも、うたえば良い方へと、必ず誘（いざな）われる、凄（すご）い秘伝であったことが、自分の中でも、確かなものとなりました。

S・T記

〈24〉

私の内なる　数え宇多(かずうた)

二〇一五年　五月　十八日

数え宇多は
人に　喜びを　与えてくれます。
数え宇多を　うたうと
心は　楽しさに　満ち　溢(あふ)れ
自然と微笑(ほほえ)みが　浮かんできます。
数え宇多は

人を 不安や 苦しみや 悩みから
解放してくれます。
数え宇多を うたうと
雑念（ざつねん）が消え去り
心は 白紙になります。
数え宇多は
人の心を
いつも 平穏（へいおん）にしてくれます。

F・H記

〈25〉光の河で溺れていた私

二〇一五年 五月 十八日

日常の生活の中で、〈**私は、光だ**〉との、強い確信で数え宇多をうたいます。（**大丈夫、一人じゃないよ**）と、本当の自分である〈**魂の光**〉がお答え下さり、光次元に、軌道修正されているように感じます。とても、嬉しくなり、元気が出ます。光に全てをお任せし、〈**委ねる**〉だけにして頂けるのです。

今回私は、右耳に少し痛みを感じていましたが、大事無いと、そのままにしておりました。お教室で、スタッフのお方から、お声をかけて頂いたのです。帰宅途中気になり、途中下車して、耳鼻科へ行きました。

しかし、異常は無く、近くの皮膚科を紹介されたのです。予期もしていなかった、〈丹毒（たんどく）〉、それも入院する程の症状との診断でした。セミナーを一週間後に控え、治療を受けながら、朝から、夜休むまで、数え宇多のCDを流し続けました。数え宇多は、静かに、静かに、水紋のように心の中に、喜びとなって、拡がっていくことが判りました。

順調に回復させて頂き、待望のセミナーに参加できました。

自分では、闇にやられ、病になっていることにも気付かず、光の河で溺（おぼ）れていることの認識すらありませんでした。教室に来ていればすべてが、大丈夫であると、自力救済を忘れて、思い上がっていたのです。

O・Y記

〈26〉

実在である知抄の光に衝撃

二〇一五年 五月 十八日

横浜のみらいホールで、四月二十九日に開催されたセミナーで、一九九九年二月十一日のビデオの放映がありました。

十六年前の、新都市ホールの舞台上に降臨された、実在の知抄の光のお姿を、ビデオで見せて頂いた時の衝撃は、日が経つにつれ、より鮮明に思い起こすまでに、今も、忘れることなく、よみがえります。

気高く、美しく、偉大な実在の救い主、知抄の光の御前に、今ある私の魂の光は、感謝で平伏しているのでした。それでいて、身体の力は抜けて、喜びの涙の中、深く椅子の背にもたれて、何故か、うれしくて、声を出して笑っていたのです。
セミナー終了後、舞台に上がって、大パネルの、光のお写真を見せて頂いている時も、この状態は続いていました。
地球は、光の源の大計画の通りに、光のリズムで、光と化し、次元上昇していることが、実感として、はっきり判りました。

救い主　知抄の光　暗黒の地球をお救いください。
喜びと、賛美と、感謝を捧げます。

と、吾が魂の光と共に、光の源に向かって、雄叫(おたけ)びを上げ続けるしかないことを実感しました。

S・F 記

〈27〉 胆石(たんせき)の痛みを乗り越えて

二〇一五年 五月 十八日

四月二十九日のセミナーの前日、私は突然四十度の熱と、ものすごい痛みにみまわれました。一晩中一睡(いっすい)も出来ませんでしたが、意識は不思議なほどはっきりしておりました。

明日は何としても、知抄の光の貴重な、〈**光の宴**(うたげ)〉であるセミナーには、行くぞ‼　という、強い思いの中で、数え宇多をう、、たい、知抄の光に喜びと、賛美と、感謝を、捧げ続けておりました。

朝になると、熱は、三十八度台に下がり、痛みも、少しは和らいでいました。家族は病院に行くことを勧めましたが、私は何としても、知抄の光の群団と共に、〈**光の山**〉を、共に越えねばならない——と、初めから、セミナーに、行くことに決めていたのです。

みらいホールのセミナー会場では、すべてを知抄の光に委(ゆだ)ね、まっさらな白紙の心になって座っておりました。

セミナーが終わって、帰りに病院に行くと、胆石ということで、直ぐに入院、即、手術することになりました。知抄の光にお守り頂き、無事に処置して頂くことが出来ました。

肉体がどうあろうと、知抄の光の威力と共に、〈**光の宴**〉であるセミナーに参加出来たことは、私にとって、なにによりの喜びでした。

F・H記

〈28〉

人生後半にして出会った　お遊戯……？

二〇一五年　五月　十九日

今迄、何度も、光にゆだねて、「幼子のように、白紙の心になりなさい」――と。ご指導を賜っています。

翻って私自身はと言えば、幼い頃から既に、〈インテリ馬鹿〉の片鱗が見え隠れする、こましゃくれた子供だったと思います。

それ故、幼子なら、誰しもが嬉々として興ずるはずの、お遊戯の類も、私には、苦痛以外の何物でもありませんでした。そのような私が、人生後半にして初めて出会った、心底楽しいと思える〈**お遊戯……？**〉それが〈**数え宇多**〉です。金曜日の〈**智**

超法気功教室〉に、参加していた私は、しばらくして、月曜日の智超教室（七時～八時）へ、移るようにアドバイス頂きました。初め、その真意が判らなかったのですが、後になって、〈**こういうことだったのか！**〉と、大きな気付きを頂きました。

今では、身体の奥から力強く大声でうたい、共に学ぶ仲間達の歓喜の渦の中に共に在ることを、無上の幸せと、思えるようになりました。

光と化した地球、次元上昇に従いて行くには、理論、理屈は、もはや無用であることは、しっかり頭の中で判らせて頂いています。後は、私が、自力救済するのみです。

W・K記

〈29〉

地球の変容が楽しみです

二〇一五年 五月 二十日

マナマナ産経学園、水曜（一時三十分〜二時三十分）の、智超教室から先ほど帰宅しました。

いつもお教室に一歩入ると、嬉しさがあふれ出ます。日常生活の中では、なかなか出来ませんが、永遠に続くお花畑を笑いながらスキップしていたようです。

今日は、数え宇多をうたうと、全身が熱くなり、舞っているようでした。本当に、物凄い力で、私をあっという間に、三歳の女の子に、幼児返りさせて頂いているのでした。

♪いちに決断〈**知抄の光**〉を、うたい始めた瞬間、喜びと、賛美と、感謝があふれ出し、黄金の光に包まれます。人間は本来、〈**光そのもの**〉であることが、実感できました。

私はいつも職場まで、自転車で通っています。毎回、数え宇多をうたいながら自転車を漕(こ)いでいると、身も心も軽く、全く重みを感じません。周りの同僚にも、〈いつも軽快(けいかい)だね〉—と、言われるのです。

どこに居ても、何をしていても、数え宇多をうたおうと、まず実践しています。これから地球がどう変容して行くか、楽しみです。私も自力救済して、光生命体でいます。

O・J記

〈30〉

うたえば　魂が　自由に解放されます

二〇一五年　五月　二十一日

智超法秘伝の〈数え宇多〉を、お教室で、声高らかに動作をつけてうたうと、普段は、思考が渦巻く頭の中が、いつの間にか、白紙になり、今迄、眠っていた魂が目覚め、胸に明かりが点いたかのように温もりを感じます。そして自由に、晴れやかに、軽やかに、吾が魂の本当の〈真我〉が解放され、羽ばたき、お出まし下さいます。

地球人類が活かされて来た、今在る全ての恩恵への有り難さと、感謝で、魂が打ち震え、細胞一つひとつが、感動と共に、知抄の光への揺るぎない、確信が、ドーンと胸の奥から喜びとなって、全身に拡がります。常に頭をよぎるうるさい程の煩悩である、思考の闇が消え、活力と、前だけ見て、光だけ見て、進む意欲が、湧いて来るのです。

どんなに人間が、努力しても出来ない、光と化した地球、次元上昇した地球に同化するまで、光へと引き上げて下さるのです。日常生活の中では、いつも口ずさみ、心の中では、大声で、光の源目指して、うたい続けています。

気づけば、魂が自由に解放され、吾が魂の光が肉体に、顕現されて、光のご意思によって、全てが、良い方へと導かれているのです。感謝無くして、こんな凄い真実の幸せの中に、居れようか──との、思いで過ごさせて頂いています。

S・Y記

〈31〉

セミナー初参加の知人と共に

二〇一五年　五月　二十一日

〈光の地球に適応しよう〉セミナーに、今回初参加の知人とご一緒させて頂きました。開会前に、お写真を鑑賞させて頂きました。知人は、一枚一枚の光のお写真の前に、静かに佇み、深々と頭を下げて、畏れ多くて、ありがたくて、この場に平伏したくなるとおっしゃるのです。

　そして、プログラムの進行と共に、喜びと、賛美と、感謝が、湧き上がり、

「こんなに安心で、幸せな中に、包み込まれたことは、今迄に

なかった」――と。感動も一入のご様子でした。セミナーに初参加されて、これ程迄に、感謝のお心でいらっしゃるお姿を目の前にして、私は、知抄の光の威力に驚くばかりで、その偉大な、知抄の光の本質を見ていないことに、気付かされました。

光の道の創造界に在られる、救い主、知抄を意識したら、真っ新な幼子のようになりました。全てを知抄の光に委ねると、喜びと、賛美と、感謝が込み上げ、この知人と同じように、もっと嬉しさが爆発するのでした。

光の地球に適応できるように、幸せを呼ぶ〈**数え宇多**〉をうたいたい、光になって、突き進んで参ります。

I・K記

〈32〉

うたえば　幸せの波動が伝わる

二〇一五年　五月　二十二日

　十年以上前のことですが、月一回の大阪出張の帰り、新幹線の中で、〈**数え宇多**（かずうた）〉を、うたっておりました。通路を隔（へだ）てた、隣（となり）に、足を組んだ男性がおりました。すると、その足が、何と〈**数え宇多**〉のリズムと全く同じに動いていたのです。本当に、びっくりして、しばし、見ておりました。

　この時〈**数え宇多**〉は、波動で、無意識下で、光へと誘（いざな）っていることを、確信したのです。その後、朝起きる時から、夜寝るまで、何かと〈**数え宇多**〉は、うたっております。朝起きる前布団（ふとん）の中でうたうと、体が緩（ゆる）んで、魂の光が肉体の細胞へと、降（こう）下（か）されたことを、実感できるようになりました。

毎日時間があれば、フィットネス・ルームで、自主的な運動をしておりますが、その時、一・二・三と数を数えるのではなく、必ず、〈**数え宇多**〉をうたいながら、しています。鏡を見ると、自分の体から、オーラが出ているのが判ります。

ある時、一人の男性が部屋に入って来て、「**この部屋はすごい光ですね**」――と、言いました。気持ちの良い部屋ですが、太陽の光は、日中でも入りません。「え？」と、私の方が驚きました。彼は一瞬でしたが、ご自分の〈**魂の光**〉と共に、居られたのではないか、と思いました。

K・K記

〈33〉

今迄と違ったことが　起こっている

二〇一五年　五月　二十二日

今日、五月二十日水曜日（一時三十分～二時三十分）のマナマナ産経学園、〈智超教室〉に参加でき、本当に、本当にありがとうございました。

入静の時、目の前が金といいますか、黄金のような光が降下されて、私は、身体がとても熱くなり、汗が噴き出しました。そして、いつの間にか、身体が浮上し、喜びと、賛美と、感謝が、こみ上げ、感動の中にありました。

その後で、数え宇多をうたうと、喜び、賛美、感謝が、よりもっと増して、とにかく、嬉しくて、楽しくて、声がだんだん高くきれいになりました。輪になってうたいながら、光の源に向かって「**ありがとうございます**」と、感謝を捧げますと、もっと喜びが湧いてきて、その喜びに、また感謝を捧げました。輪になって座りますと、サロン・ド・ルミエールに入室し、居させて頂いている時のように、笑いが何度も何度もこみ上げて、ずーっと、お教室が終わるまで笑っていました。

　お教室の中は、金というか黄金色で、床には金粉がそこ、ここに、ありました。そして、私は喜びが爆発し、目の前がまぶしくて、ちゃんと目を開けていられないくらいの、輝きの中にありました。この体感を発言しましたら、お教室の皆さんも、同じような体験をされたとの、ご発言がありました。この日のお教室がとても楽しく嬉しかったので、その感謝を、サロン・ド・ルミエールの光場へ、捧げに参りました。スタッフの方々が、笑顔で迎えて下さり、お茶とお菓子を頂きました。

その日の夜は、風もなく、蒸し暑い、感じがしていました。間もなく、埼玉県と茨城県に、竜巻注意報が出ました。すぐに、知抄の光に、「**お救い下さい**」と、願いました。

日付が変わった夜中の三時頃、いきなり、とてつもない大きな爆音がして、飛び起きました。近くに、雷が落ちたと思いました。その音は、今迄聞いたことのない程の、大きな音でした。天と地が、真っ二つに割れたと思えるぐらい、本当に、ものすごい音でした。その後の稲光は、窓全体が白銀で、夜なのに外が、白銀一色になっている様子でした。

停電もありました。翌日判ったことですが、停電は、全部電気が点かないわけではなく、各家毎で違うのです。私の家は、給湯器の電源が落ちていただけでした。他家では、稲光がした時、家の中の電話機、テレビが光ったそうです。その後、電話もテレビも作動しなくなり、それが、しばらくしたら、元に戻っていたとのことです。私の実家では、消していた部屋の明かりが、突然パッと、点いたとのことです。

この日のことは、ニュースでは、全く何一つ伝わって来ませんでした。何か今迄と違ったことが、私達の身の周りで起きてきているように思います。光の源に向かって知抄の光と共に、前だけ見て、光だけ見て、脇道にそれないように、喜びと、賛美と、感謝を捧げて歩みます。

Y・K 記

〈34〉 万人に対する秘伝・〈数え宇多(かずうた)〉

二〇一五年 五月 二十四日

先週木曜日、(201)サロンでの、〈はつらつ元気教室〉では、カリキュラムに〈数え宇多〉が、加わりました。

〈**数え宇多**〉をうたうと、

① 肉体マントを光のマントに変えて頂けます。
② 喜びと、賛美と、感謝に満たされます。
③ お顔は、色白になり、若返ります。
④ 身も心も軽くなり、活力が湧(わ)いてきます。
⑤ 至福(しふく)の中にあり、幸せです。

万人に対する秘伝

数え宇多をうたい続けます。

地上の動物、昆虫、鳥達、地上の生きとし生けるもの総(すべ)てに、嬉しく、楽しく、笑いの渦(うず)が拡がって行くのが判ります。

そして、光の地球の礎の光として、〈**光生命体**〉になり、光を死守する自覚が、湧(わ)き上がって来ました。

創造界に在られる救い主、知抄の光で統一された、地球に同化できるよう、永遠(とわ)なる使命遂行の担(にな)い手として、地球を守り、人類を守り抜く、地球への愛念(あいねん)が、今、私の中で爆発するのです。

M・A記

〈35〉

地球の礎（いしずえ）の光として

二〇一五年 五月 二十四日

第二・第四日曜日の新アカデミー講座（十二時五十分〜二時二十分）に参加させていただき、ありがとうございました。今日は、幸せを呼ぶ 数え宇多をうたうと、何故か、新鮮で、とても楽しく、嬉しく、幼子にすっと成らせていただけました。

一歩お教室を出ると、学んだことをすぐに忘れ、実践が欠けてしまい、瞬間の、この今を、光を求める熱き思いが、浅くなり、光の源（みなもと）に、これでは届かないことに、気付きました。

大きな〈**光の山**〉を、四月二十九日のセミナーで、共に超えた今、とてもとても、このままでは、光と化す地球の光のリズムに、間に合わないと本当に思います。

今、この一瞬に、すべてをかけて、〈**光生命体**〉になります。

新たな決意で、この気付きを大切に、実行実践します。

来る七月四日のセミナーに、参加するためにも、瞬間、瞬間を、生まれ変わり、新たな、自分に再生する生きざまを身に修めます。

地球の存亡、人類存亡をかけて、地上に降下された、救い主、知抄を思うと、〈**光の子**〉が、歩みを止める訳にはいかない、との熱き思いが湧いて来ます。共に参ります。

K・Y記

〈36〉

数え宇多と共に　悠々とした生き方

二〇一五年　五月　二十五日

私は、日常生活で、〈**数え宇多**〉を口ずさんでいます。すると、気持ちに余裕ができ、青空のような、いい気分になり、自分の内側から喜びが湧いてきて、いつの間にか、ニッコリと、自然に笑みが浮かんで来るのです。

目の前にある、大変な仕事も、〈**数え宇多**〉を口ずさみながらすると、嫌な気持ちにならず、ルンルン気分で、働けることへの喜びが、湧いて来るのです。

そして、急ぎの仕事の時は、〈**数え宇多**〉のテンポを、少し速めてうたいます。すると、焦（あせ）ることなく、エスカレーターに乗っているように、ゆったりとした気分で、楽しく作業が進みます。

〈数え宇多〉によって、三次元から光次元へと、光へ行きつ、戻りつを、繰り返しながら、光に在る時は、時・空を超えているので、すべてが完全に、滞（とどこお）りなく、終わってしまうという体験を、このところ何回もしています。

数え宇多をうたえば、光の地球にも同化でき、すべてが、良い方へと誘われるのです。おかげで悠々とした生き方が、出来るようになりました。

魂の光輝（こうき）への道しるべ〈数え宇多〉は、私の人生にとっては、予期しなかった、万力（ばんりき）をもって支えて頂ける威力です。

S・Y記

〈37〉

地震に揺（ゆ）るぎない心で居ました

二〇一五年　五月　二十五日

五月二十五日（月）、マナマナ産経学園での〈智超教室〉（一時三十分～二時三十分）を、ありがとうございました。

地球も、日本列島も、何もかもが、瞬間、全く変わり、〈明るく、美しく、楽しい〉のみを、全員が体感させて頂きました。

丁度、二時二十八分頃、埼玉北部を震源地とする震度４、マグニチュード５・５の地震がありました。全員、全く動揺（どうよう）せずに、瞬時（しゅんじ）に、知抄の光を叫びました。

それなりに揺（ゆ）れましたが、地面の直接的な揺れでなく、耐震構（たいしんこう）

造の範囲内の揺れであると感じられました。事務所の対応も早く、すぐ飛んで来て、扉を開けてくれました。

後からの情報で、茨城県の海寄りの土浦市では、震度五弱であったことを知り、知抄の光の威力によって、それなりに、このくらいで済んだ事を、実感させて頂きました。

東海村の、原子力発電所が、近かったのでヒヤリとしました。**今、日本列島に、五十四基の原子力発電所があります。**大変危険な状況下に今、日本列島が直面している事がよく判りました。光になって、光を注ぎ続けます。

N・M記

〈38〉

九州の地より　数え宇多をうたう!!

二〇一五年　五月　二十六日

東京を離れ、九州の地に来てからは、教室で学ぶ代りに、〈数え宇多〉をうたう、日々に変わりました。

私の一日は、朝のオーバーシャドウ、(智超法気功、第一式)から始まり、身心の邪気をまず払います。知抄の光に感謝を捧げ、知抄先生から賜ったお言葉

「光の子は、どこに居ても、地球を救い、人類を救い、大地を受け継ぐ者としての大使命を遂行する……」を、魂で復唱し、「今日も知抄の光と共に行くぞう!」と、光の源へ、生命の

根源へお伝えしてから、日常生活にとりかかります。

食事を作りながら、掃除をしながら、スーパーへと向かいながら、お風呂に入りながら、いつでもどこでも〈**光生命体**〉で在ることへの実践です。そして夜寝る時は、枕元に置いて、いつでも聴ける、数え宇多のテープを流し、うたいながら休みます。時には、子守唄のようになっていつの間にか、寝入ってしまうことも度々ですが……。

私の意識も変わりました。うたわなくてはとか、光にならなければの捉われが無くなりました。自然に口から出て来て、うたっているのです。それは、吾が〈**魂の光**〉が、いつもうたうようになったと感じられます。

そんな時には、急に胸が熱くなり、涙がこぼれるのです。知抄の光と共に在る決断と、感謝の意識を、光の源に向け、うたうという言動を起こすことで、私自身を光の受け皿として、瞬間〈**光命体**〉へと、変えて頂けるのだと思います。

今、地球を見渡せば、人類は、既成概念の思考という闇の中で生きています。人混みの中に出て行って、他者からの闇を感じ、更に、身心で闇を受け、病気になったり、私自身の思考の闇に、自らが引き込まれる時は、意識してうたい始め、闇を照らし、光に変えて前へと進みます。

齢七十七歳になりましたが、思い通りに身体が動き、疲れも知らず、使命を担って今こうして、元気に活かされていることは、本当に、奇蹟であり、幸せな日々を、感謝せずにはいられません。

光の源、直系のご使者で在られる救い主、知抄の光の分身として、地球を救い、人類を救う、大使命を賜っている〈**光の子**〉だからこそ、うたうことで、自らを光と化し、〈**光命体**〉となって、地球を、変えることが出来始めたことを嬉しく思います。

日本中に、地球全土に、この喜びを、幸せを、轟かせます。

次元上昇を知らず、光の河で溺れ苦しんでいる、未だに、三次元の肉体の中で、固く閉ざされている魂を、一刻も早く自由に解放して、光へと引き上げたいと願わずにはいられません。

十月十日に開催される、智超教室二十五周年記念セミナーには、必ずピカピカに輝いて参加したく、研鑽致します。

S・M記

〈39〉

光の地球は　インテリ馬鹿には……？

二〇一五年　五月　二十六日

四月二十九日のセミナーで、数え宇多（かずうた）をうたいながら、ステージをぐるぐると回ると、実在の知抄の光の御前（ごぜん）でうたっている気分になりました。それは、実在する知抄の光のお写真が、展示（てんじ）されている御前であったからでもあります。ステージ丸ごとすっぽりと、知抄の光の帳（とばり）の中にあることがはっきり判りました。

ステージそのものが、黄金の光で統一され、それは、会場の内外も同じで、全てを、この瞬間、光へと引き上げて頂いていることが、ふわふわ浮かびそうな感覚から判りました。

今、日常生活で、〈**数え宇多**〉を、口ずさむと、人類共通の私が持っている闇が、刻々と、光で統一され、身も心も軽くなって、光へと引き上げられることが鮮明に判って来ました。

自らがうたう、その言葉と、リズムが、全身に波動となって拡がり、実在の知抄の光の威力を一つひとつ、細胞へと根付かせて行くのです。しかし、インテリ馬鹿の私は、未だ、三次元の肉体の中で、既成概念の思考に右往左往しては惑い、思考停止をしては、〈**はっと**〉気付き、光の地球で溺れては、光へと引き上げられ、また溺れることとの繰り返しの中にあります。

〈**ゆだねる**〉、知抄の光へのこの全託が、頭で考える私にとっては、未だに、個や我に捉われ、三次元の肉体の中で、一日が終了するのです。

K・M記

〈40〉

知抄の光様へ

二〇一五年 五月 二十六日

〈一〉

ありがとうございます。
果物とケーキを
ありがとうございます。
景色を眺(なが)めながら
おいしくいただいています。

風邪を引いてしまいました。
もっと 元気にならねばと 思います。
でも とっても嬉しいです。
ありがとうございます。
〈はつらつ〉のお教室を休まないように
数え宇多（かずうた） を うたい
光 呼 吸 も しています。
あたたかな励（はげ）ましを
ありがとうございます。
幸せです。

G・M 記

二〇一五年 六月 二十日

〈二〉

知抄の光様 ありがとうございます。
皆様 ありがとうございます。
はつらつ元気教室に 入室した時
冷えた手を
お仲間に、 暖めていただきました。
とっても 嬉しかったです。
元気にしていただきました。

ずーと、ずーと、幸せが続いています。
ありがとうございます。
私は　果報者(かほうもの)です。
おみやげを、一杯(いっぱい)いただきました。
ありがとうございます。
色とりどりの
美しい形を愛(め)でながら
幸せを、一杯一杯　かみしめています。
とっても嬉しいです。
ありがとうございます。

G・M記

〈41〉

〈十字の光・吾等〉と共にうたう

二〇一五年 五月 二十八日

智超法秘伝の数え宇多を実践し、お教室で輪になってグルグル回りながら楽しくうたっていると、突然、〈十字の光・吾等〉の地球を救う、知抄の光の方々が、降臨されて、共にうたって下さっている様子が見えました。それは螺旋状に、地上に近いところから、ずっと、ずっと上の方まで、果てしなく続いているようでしたが、その先は見えませんでした。

光の源からのご使者、偉大なる救い主、知抄の光の地上に降り注がれる愛が、その瞬間だけは、胸の奥からの喜びと、賛美と、感謝となって、こみ上げ、慟哭しそうになりました。噴き出してくる知抄の光への感謝に、全身がドーンと熱くなり、表現できないほどのありがたさで、すべてを魂の奥に降臨されている救い主、知抄の光にゆだねて、幸せで、はち切れそうな気持ちを、また捧げました。

　メッセージの、〈**天と地と人と共に歩まん**〉の、お言葉が浮かび、涙が出ました。お教室で数え宇多を輪になってうたっていると、バラの花を持った、天使達が、私達の頭上を飛んでいることもあります。そして、金粉がいつの間にか床の上や、私達の手の平に迄、現出されているのは、今の光の旅路にある、私達にとっては、自然現象となりました。本当にすごい学び場に感謝です。

K・Y記

〈42〉

荒ぶる心の人々への子守うた

二〇一五年 五月 二十八日

初めて、幼児教室で、数え宇多に、出会ったときは、まず、「え！」と、驚きが先でした。この年でお遊戯かぁと思いましたが、幼児と共に輪になって前へ進みながらうたうと、心地良く、楽しいのです。その日は、心に引っかかることが在ったのですが、いつのまにか消えていて、実に爽快でした。

数え宇多の三番までうたうと、心を重たくしていた、怒りや、捉われ等が無くなり、子供に返っているように、なんのわだかまりもないのです。心穏やかに捉われを消し去る、〈数え宇多〉

に驚(おどろ)かされました。私にとって、〈**数え宇多**〉は、三次元の思考や感情での生活から、〈**魂の光**〉を主にした、〈**光生命体**〉に変われる秘伝となりました。

数え宇多に合わせた動作は、全身を浄化され、身も心も軽くなります。口ずさむほどに、楽しく、嬉しく、感謝が溢(あふ)れて、若返り、色白お肌に変容するのです。

最近、電車の中で数え宇多をうたうと、私の声は、地球人類のすべての荒ぶる心の人々に、子守うたとなって、拡がっていくように感じられます。

私達光の子が〈**光命体**(こうめいたい)〉に成って、数え宇多をうたうと、地球人類全てを浄化(じょうか)し、光へと誘(いざな)うことが出来る確信が湧(わ)いてくるのです。実行します。

S・K記

〈43〉

知抄の光を浴びに　東京さ行きました

二〇一五年　五月　二十九日

この度、マナマナ産経学園で開催された〈ファミリー教室〉に、鹿児島から、当日扱いで参加させて頂きました。数え宇多をうたいながら、飛行機を乗り継ぎ、電車もスムーズで、開始一時三十分に、余裕を持っての到着となりました。

初めて参加させて頂いたお教室は、最初は少し緊張してしまいましたが、カリキュラムが始まると、嬉しくて、嬉しくて、何故か涙が溢れ出てきました。智超法気功・入静・数え宇多等、今でも、あのお教室に居た時を思い出すと、胸の中が暖かくなってきます。

日々、教わったことを実践する度(たび)に、今でも嬉しくて、救い主、知抄の光を浴びることが出来た感動で、涙が溢(あふ)れます。教室の床に金粉や銀粉が、沢山(たくさん)どこからともなくお出ましになっていたことも、不思議議を通り越して、なんと……としか、ただ言葉がないのです。実在の知抄の光を浴びて本当に気付きを頂きました。

遠く離れてはおりますが、喜びと、賛美と、感謝で、数え宇多をうたい、もっともっと、喜びに満ちた幸せをつかみます。本当にありがとうございます。今も嬉しいです。

M・K記

〈44〉

主人が元気になりました

二〇一五年　五月　三十日

最近、主人が早起きになりました。元気に出勤して、やる気が出て来たのを、〈**何が起きたのだろう**〉と、不遜（ふそん）にも思っていたのですが、〈**今を生ききる**〉を、実行していることに気付かせて頂きました。

主人と共に、四月二十九日のセミナーに、参加してよかったと、本当に感謝です。この数年来、病気と闘（たたか）っていた主人が、今迄（いままで）のように、老後の不安を口にしなくなりました。休日は買い出しに身軽に行ってくれます。家族に食事を楽しそうに作ってくれたりもします。

まるっきり、セミナー前と、四月二十九日のセミナー後とでは、別人のように、明るく、楽しく、過ごしているのには、驚かされました。改めて私の方が、長年お教室で学んでいるのに、何をもたもたしていたのか……と、主人に、教えられた気分です。

主人との会話も、自然と弾むようになりました。家全体が、明るくなりました。

私は、〈**数え宇多**〉をうたって、幸せを、もっともっともっと……と思いますが、これはよくばりでしょうか……。本当にありがとうございます。

S・Y記

〈45〉

〈十字の光・吾等〉の御降下を見た

二〇一五年 六月 七日

ありがとうございます。

今日、〈数え宇多〉をうたう時に、前にお立ちになったスタッフの方々が、〝いち〟と、手を前に出して、うたい始めたその時、全員に光の方が降りられました。うたう度に、どんどん、はっきりと、光の方々が、ご降下されて、それは物凄い喜びで、嬉しくて、有り難くて、知抄の光が実在である証を、見せて頂けました。

本当に今日、これを目の前で見ることが出来た、喜びと、人間に光の方が、こんなに、はっきり降りて、一体になられる……という、〈**実在の光**〉であることの事実に、もうとにかく、感動と感謝で、嬉しくて嬉しくて、笑いの中にありました。

カメラは、私より鮮明に、このような場面を捉えていて、点のような型として、実在の光のご降下を証されているお写真が、他教室においても、☆撮影されているとのことです。

知抄の光の〈**十字の光・吾等**〉の光の子への降臨は、その担う部位によって、放つ光も違いますが、地球が、光へと変わっていくのが感じられました。すごい！　すごい！　嬉しい！　嬉しい！と、本当にここ迄、喜んだことはない程の感動と、喜びと、感謝の中に居ました。

☆（四十九頁 ご参照）

U・H記

〈46〉 家族全員 幸せコースへ

二〇一五年 六月 七日

私は今、〈数え宇多(かずうた)〉のおかげで、世界一、幸せ者と、自負(じふ)しています。

〈智超教室〉へ通い始めて、二十年が経(た)ちました。当時は、娘三人と夫の、五人家族でしたが、今は孫が五人、婿(むこ)が二人、増えました。二十年間、順風満帆(じゅんぷうまんぱん)とは行かず、家族が多いと通常、、、、、、もぐらたたきのように、次々と問題が勃発(ぼっぱつ)します。

お教室で、教えて頂いた、〈数え宇多〉を、孫たちには、よ、、くうたいました。〈数え宇多〉を、心で、又、声に出して、う、たうようになってから、何が起きても、〈数え宇多〉を、うた、い続ければ、スーイ、スーイと、幸せコースに乗れるということが、私の確信となりました。

我が家の〈数え宇多〉の威力

その一

五人目の孫は、生まれつき、心臓に八ミリの穴がありました。奇蹟的に数カ月で、その穴はふさがりました。☆（三十九頁のお写真を　ご参照）

その二

長女が、二人子連れで、とても穏やかな働き者の方と再婚出来、もう一人子供を授かりました。婿も、仕事が順調で、幸せコースに乗って、家は、円満です。

その三

二人目の孫が、今年、無理と言われていた、私立中学校に、難関を突破して入学出来ました。奇蹟でした。

その四

私の夫は、昨年六十一歳になった時、予想もしていなかった、会社の役員になりました。これも、奇蹟でした。

その五

かつて、喘息の持病で、歩くこともままならない時もあった私が、このように、元気にして頂けたことは、私にとっての奇蹟です。

救い主、知抄の光に救われたことは、書き切れない程、まだまだ沢山あります。感謝しても、感謝が追いつきません。

智超法秘伝（ちちょうほうひでん）に出会えたこと、そして、偉大な師である、知抄先生に、今世（こんせ）で巡り会えたことは、私にとっての最大の奇蹟です。

一番上の孫は、今、十四歳になります。私はこの幸せを呼ぶ、**〈数え宇多〉**を、ひ孫（まご）や、玄孫（やしゃご）に、うたってあげたいと思っています。

本当に、本当に、**〈数え宇多〉**、教えて頂き、ありがとうございました。そして、地球の為、人類の為に日夜、無私の愛で光を地上に降ろされる尊いご使命に、少しでもお役に立ちたいと、まず、〈光命体〉の確立へと研鑽（けんさん）致します。

T・M記

〈47〉
知抄の光による　うれしい誤算

二〇一五年　六月　七日

今年に入ってから、認知症の父（八十六歳）と、脳梗塞の母（八十三歳）のことで、想定外のうれしい出来事が続きました。知抄の光のお陰としか、もう考えられないので、あらためて感謝と共に、ご報告させて頂きます。

まず、つい最近のことですが、父の入っている医療施設から連絡がありました。

「これまで飲んでいた薬は、全部もう飲まなくても良いです」

となりました。父は、二十代から患っていた糖尿病の薬だけでなく、他にも認知症の進行防止とか、咳止めなど、ご多分に漏れず、たくさんの薬を処方されていました。が、すべてもう必要無しとなったのです。この連絡を母から聞いたとき、私にはすぐには理解できませんでした。なぜなら、その施設へ移ってからまだ一ヶ月余りなのですが、入所の際、父の血糖値を調べた医師から、

「やはり数値が高いですね」と、告げられていたからです。血糖値を下げる強い薬を服用していましたが、続けられないほど具合が悪いのか、との疑いはすぐに打ち消されました。

　母が言うには、担当医師は、

「まるで神様のご加護」という、表現を使ったそうです。その真意を問い返しますと、

「あれだけたくさんの薬を飲んでいたのに、何も異常が残らな

いというのは、まるで守られているようだ」という意味でした。

それを聞いたときに、私は思わず、

「**知抄の光、ありがとうございます**」と、心の中で、感謝を捧げさせていただきました。

父が施設に入った経緯（けいい）ですが、一月初めに、母が脳梗塞で倒れたのがきっかけでした。世話をしていた母が入院したので、急遽、認知症の父には、自宅から介護施設へ移ってもらいました。

このように両親とも問題を抱えていましたが、病気がちの姉には頼れず、私一人という非常に心細い状態でした。ちょうど入院翌日、二月十一日に開催されるセミナーの、電話連絡を教室スタッフの方からいただいて、窮状（きゅうじょう）を正直にお伝えしました。すると、想定外な幸運が次々と起こり始めたのです。

まず、母は後遺症もなく、脳梗塞では最短と考えられる、十日ほどで退院しました。これだけですと平穏のようですが、退院の際に看護師が、こっそり母に耳打ちしたそうです。

「救急車で運ばれた日には、脳梗塞がCTで見つからず、治療が遅れた分だけ後に尾を引くのでは、と心配したので、ビックリです。しかも、二日目に先生の警告も振り切って、一時帰宅もしたし。――」

他にも身内にしか分からないような、うれしい誤算でしたら、数え切れないほどありました。たとえば、父は気むずかしい性格だったのですが、認知症者向けの医療施設に移ってから、面白い変化を見せ始めました。周囲は元気の無い同病者ばかりの中で、声だけ威勢の良い父に、少しずつ人が寄ってきたのです。最初は身内のひいき目かと思っていましたが、ある日、はっきりとした出来事がありました。

　母が面会に行くと、車いすの人達が集まった輪の中心で、父が演説をしていたとのことです。何でも、車いす同士でケンカになりそうなところを、父がいさめたことで、人の輪が出来たようです。職員の女性も遠巻きに見ていて、

「**正義感あるわ**」と、ほめて頂いた様子でした。普段の病棟は活気が無くて、沈んだ雰囲気なのですが、さぞ異様な光景だったことでしょう。

　最後に、ドラマの場面のような、信じられないエピソードを紹介します。それは一ヶ月半前に、父が現在の施設に移った日のことです。父と荷物の移動に、タクシーを利用する段取りをして、

その準備で母だけを、先に父の所へ行かせました。私は一時間後に、両親と落ち合うため、大阪市内の自宅前で、何気なしに国道へ出て、タクシーを拾おうと、手を上げました。朝の道路は相当に混んでいましたが、走り抜けようとした一台を呼び止めて乗りました。

私「大東町の老人ホームまで行きたいんです。あの当たりは古い町並みで、道もわかりにくいですけど……」

運転手「それって、〈A〉という施設じゃないですか」

私「そうですけど、あの辺には、他にも施設があるじゃないですか」

運転手「ひょっとしてあなたは、〈K〉さんというお名前では……」

私「えー、何ですか、いきなり？」

よく話を聞いてみると、二日前に、母が父を健康診断へ連れて行きましたが、その時と同じタクシーだったのです。運転手さんは母から身の上話を、すでに聞いていたのでした。とにかく私が乗った時点で、道路は相当に混んでいたので、わざと同じタクシーを捕まえようとしても、まず無理です。

父にまで、好影響が及んだのは全く予想外でした。母の場合、セミナーや、智超教室に、参加した経験があるので、何とか知抄の光の恩恵が届けばと、願っていましたが、認知症の父には、本も無理でした。〈数え宇多〉を、CDで聞かせはしましたが、（父は智超教室とのご縁が遅過ぎたが、せめて母だけは……）というのが、私の内心でした。ですから、父の出来事には、よけいに驚きました。むしろ、父は認知症になって、幼子の心に近づいて、〈魂の光〉が救い主、知抄の光を受け止めやすくなったのかなと、私の既成概念をまた一つ、取りのぞいていただきました。

要介護者を二人同時に抱えて、仕事との両立の狭間で、暗くなりそうだったのですが、楽しい出来事をプレゼントしていただいた気分です。

知抄の光に、全てを委ねて、喜びと、賛美と、感謝でいれば、本当に良い方へと誘われるこの事実に、重ねて感謝を申し上げます。七月四日のセミナー、万難を排しても参加させて頂きます。

K・T 記

〈48〉

実在する知抄の光を体現

二〇一五年 六月 二十日

今日は、サロン（２０１）での貴重な〈ビデオ講座〉に参加させて頂き、感謝のみです。一九九九年二月十一日、横浜新都市ホールで開催された〈**実在する知抄の光**〉セミナーの舞台は、ビデオを通して見せて頂くと、地球上でありながら、そこは、人間の目では信じられないような光次元そのものでした。

救い主、知抄の光は、〈**生きた実在**〉であると、何度も御本やお教室等で、目にし、耳にしてきた言葉でしたが、今思えば、全く判っておらず、と言うのも、全く体験が無かったからでした。

今日見せて頂いた光は、まさに、〈生きて〉自由に、意思を持って動いております。私達に向かって、人間の言葉ではなく、それでいて、温かく語りかけて下さっているようでした。舞台でお話しされるお方の身体は透明になり、光と一体になって、見えなくなりました。舞台の左から右まで、少しずつ、色や、形、大きさの異なる菱形の光が、重なりあって、横に連なって、うねるような光の連山の光景には、胸が熱くなり、込み上げるものを抑えることが出来ませんでした。☆（九頁ご参照）

よおく見ていると、舞台の黒幕の正面奥に飾られている、光の大パネルのお写真が、源のように思います。私は、この光から生まれ、導かれ、古里のこの光の源を目指して、今世を生き切るのみと、確信するより他何もありませんでした。大きな、大きな、光に包まれて、それに私の〈**本性**（ほんせい）**の光**〉が呼応して、まるで〈**光生命体**〉に変身して、舞台上に出現された光に同化している感覚の中に在りました。

十六年前の当時は、まだ智超法秘伝（ちちょうほうひでん）も、知抄先生の御本も、お教室も、存知あげなかったのです。

今日このビデオを見せて頂けましたことに、偉大な光の愛に、どんなに感謝を捧（ささ）げても足りません。

私の魂は、知抄の光と共に、地球を救い、人類を救う使命を担（にな）う、〈**光の子**〉として、今、地上に在ることが判りました。今度こそ、自覚した以上、知抄の光を守り、救い主、知抄をお守りします。

そして、〈**光人**（ヒカリビト）〉として確立出来るまでに、お導き願います。

万感（ばんかん）の思いを込め、
感謝を捧げ、
知抄の光に
〈ゆだね〉ます。

T・M記

1999年2月11日 撮影

(上) は 演壇に近づく光の子 (下) は 演壇の光の子と 左に写真を持って立つ二人

〈49〉

光人(ヒカリビト)は　知抄の光への全託(ぜんたく)のみ

二〇一五年　六月　二十日

舞台奥の黒幕の前に、光のお写真がずらりと並んでいます。その黒幕の上に、くっきりと、太い光の白い線が、何本も繋(つな)がるように、大パネルのお写真の上に、降下(こうか)されているのが見えます。各お写真は、それぞれが、個性ある輝きを放っておりました。

一九九九年二月十一日、横浜の新都市ホールで開催された、〈実在する知抄の光〉セミナーの、十六年前のビデオを見ると、登壇(とうだん)した人間は皆(み)んな、目も、口も、頭すら、光で、〈光人(ヒカリビト)〉に、変身しています。演壇(えんだん)の背後に並ぶ光のお写真から、実在の光の方々が、瞬間で、ひし形のような、美しい紋様のような、見たこともない美しい色彩で、御出現なさいました。人は光に厚く包まれ、演壇も透明になったり、金や銀色に、実在の光を証されました。綿菓子のように、登壇者は、光で包まれて、姿、形すらありませんでした。

光の源の、知抄の光の創造界の一面を、お見せ頂いているのでは、と思いました。舞台の左から右へと連なる、光の山々とでも言いましょうか、幾重にも、これから私達が越えて行かねばならない、永遠なる光の道を、指し示されているようにも思いました。

登壇者の、大きな光のふわふわした、真綿の光の中に包まった姿は、大きくゆらめいて、女神様そのものでした。声をお聞きして、ようやく、誰であるか判る程、遥か彼方の光次元に、舞台がなっているのでした。

当時、世紀末と言われていた、一九九九年が、今振り返って見て、刻々(こくこく)と次元上昇して行く、お計(はか)らいの日に備えていたかが、顕(あきら)かになりました。光の源の、地球を光と化す大計画が、新たな展開となることを、私達に御示(おしめ)し下さり、使命遂行(すいこう)する光の子を、〈**光人**〉に、お引き上げになられたことを、今頃になって、十六年ぶりに判りました。

数々の智超法秘伝(ちちょうほうひでん)を、学んで来た私達も、知抄の光に全託する、〈**ゆだねる**〉ことが、全てであると思いました。

N・E記

99. 2.11

〈50〉

光への生還(せいかん)!!

二〇一五年 六月 二十日

人が神となって地上を歩く

これは、都内の書店で初めて、智超法秘伝(ちちょうほうひでん)シリーズ、(知抄著作)に出会った時の、私のインスピレーションでした。

あの日から十七年になりますが、今では、教室ではそれが当たり前に現実化しています。やっとここまで来られたと思いますが、人々が一瞬で、光と化す時も見えて来たと思います。

病気に余り縁のなかった私が、腹水(ふくすい)で臨月(りんげつ)のように膨(ふく)らんだお腹と、丸太ん棒のような足に豹変(ひょうへん)したのは、今年の四月のことでした。**〈病名は卵巣癌第四期〉**で、合う抗癌剤が無い時は、余命二ヶ月と診断されました。私自身は、**(あーそうなんだ)**とアッケラカンと聞いていました。本当は大変深刻な病状だったようです。

　こうして私は、二〇一五年四月十四日火曜日に、そのまま入院となりました。

　適合する抗癌剤を探す為に検体を取り出す手術後、私は、自力呼吸を忘れたらしく、翌日呼吸停止への処置をして下さった医師が、**「危なかったんだよ」**と話されている姿が、まるで黄金仏の彫刻の如く見え、知抄の光のお働きがあったことを確信しました。**実は、私の存亡はもう一度あったようです。**入院後二十日余りで、腹と肺に溜まりに溜まった水の排出手術をして下さった呼吸器外科の先生も、このまま亡くなってしまうのではと……。後で笑いながら伝えて下さった程の病状だったようです。看護師さんにも、人間の苦痛の限界を超えていたのに、それを克服して生還されたと言われました。**「私も苦しさの余り、狂い死にするかと思いました」**――と、笑顔で対応しながらも、当人である私自身は、全く死ぬなんて思っていませんでした。

　七十三歳になる私は、三十代の若い主治医に「大丈夫、無事生還、退院しますから」――と、Ｖサインを盛んに出しておりました。その時は気付きませんでしたが、今振り返ってみると、先生の目は、宙に浮いていたと思いました。医師、看護師さん達も、生存は難しいと思っていたらしいのに、周囲にＶサインを繰り返し出し続けていたのは、患者である私一人だったらしく、後で聞いて、思わず笑ってしまいました。

兎に角、腹水と胸水が抜かれ、病状と体力も少し安定してきたので、胸膜作成、そして抗癌剤投与と、治療が進んでいくのですが、共に大変な苦しみを経た後、二ヵ月強の入院で、無事六月十九日退院することが出来ました。

病気治療は、医師、看護師、患者の三位一体。患者に直接関わる看護師さん達の親和力は、とても大事だと思いました。入院後、三回病棟が変わりましたが、どこへ行っても看護師さん達は仲が良く、とても明るいのです。一般的には有り得ないことなので、この状況も、知抄の光の威力だと実感しました。また、同室の方々が、病状と共に、生活面（特に家族の絆）が良い方向へと進んでいると思うことが多々ありました。

今回の発病は、突然の待った無しで必要ありて、体験すべくして、体験したのだと思います。同室の多くの方々は次々と病魔に侵され、生命はあるけれど的な状態の方も多く、ここに〈**救い主在り**〉と、知抄の光の存在の大きさを改めて痛感致しました。

〃皆さん、生命永らえて、今少し、頑張ってネ!!〃と、願っていました。

それにつけても、知抄の光、知抄先生、そして知抄の光と一体になられた〈**光人**〉のご尽力には、とても感謝しております。今度お会いする時は、忘却の彼方かも知れませんので、今、御礼申し上げます。有り難うございます。

点滴の為に三十分〜一時間毎のトイレ通いと、同室の方々とのおしゃべりで、いつ〈睡眠〉を取ったのか分からない日々でした。そして、全身からむくみが引いた時、体重は二十九キロになっていました。峻烈な光と闇の攻防する入院生活でしたが、無事退院出来たのは、知抄の光の威力です。

病気も闇の一つだと思いますが、光で闇を駆逐し、平定して、闇をも光で包み込んでしまうのが、知抄の光であろうと思いました。

私は、〈**智超法気功**〉教室に、十七年在籍して来ましたが、それは奇蹟体験を重ね、私の中に在ったのは、知抄の光を実在として捉え続けて来られたことでした。

知抄の光、喜び、賛美、感謝を捧げます!!

有り難うございます!!

K・H 記

第三部

智超法秘伝(ちちょうほうひでん)

その威力(いりょく)と足蹟(そくせき)

☆メッセージ

光の源（みなもと）の大いなる恵み

晴天の日　雷鳴（らいめい）の日

　　どちらかのみが

光の源（もと）よりの恩恵

　　働（はたら）いているにあらず

晴天は　晴天の大いなる恵（めぐ）み

雷鳴轟(とどろ)き　風(かぜ)の日　また
大いなる恵みあり
何をもち　良しとし
何をもち　悪(あ)しきとするか
何も持たず
捧(ささ)げある　姿(すがた)こそ
真(しん)の歩(あゆ)み

一九九七年　七月六日　受託

① 数え宇多（かずうた）うたい 光生命体へ

二〇一五年 二月 十一日セミナーにて

昨日の二月十日は一九九六年、知抄先生が、凍（い）てつく雪の大許（おもと）山（やま）（大分県宇佐市）で、〈**救い主降臨（こうりん）の告知**〉を受けられた、地球人類にとって記念すべき日です。その後、救い主、知抄の光と、知抄先生によって、光の子は、養成され、人類の思考から作り出される闇を駆逐（くちく）し、地球は、知抄の光で統一されました。

☆（既刊 光の源の大計画 Part1～4 ご参照）

今この十九年間を振り返ってみますと、三次元の人間でありながら、〈**光生命体**〉に成ることで、次元上昇した地球に同化して、生存できることが、私達にとっては、当たり前になっていることです。

光の源の大計画Ｐａｒｔ４、知球暦光五年〈**地球人類は光命体になる**〉、知抄著（たま出版）のご本の冒頭にある

〝漆黒の闇の中　一点の光あり〟

の言葉は、魂の奥に降臨されている知抄の光を現しており、この〝**光の源の知抄の光からのメッセージ**〟は、地球を救う光の子の、〈**大地を受け継ぐ者としての使命遂行**〉に、光の子と共にある、救い主、知抄の光からの、地球を救う決意でもあります。

この十九年間、地球を救い、人類を救う、救い主、知抄の光の手足となって、〈**光の子**〉は、智超法秘伝第五巻、一九九九年

二月に発刊された**地球を救う**〈**光の子**〉の内容をすでに具現化して来ました。☆（既刊　智超法秘伝一〜七巻　ご参照）

それでも、光へ行きつ、戻りつ、が自由自在に出来るまでに到っていないお方もおられます。何故なら、サロン（２０１）に、フリーパスで入室出来ていないからです。

本日のセミナーは、皆さんを〈**光生命体**〉に引き上げるためのものです。何度教わり、ご指導を受けても、実行し、体験を積まねば、人間は、古里（ふるさと）である光の源を目指して、光の道を、自力で歩むことは出来ないのです。

〈**光生命体**〉になる術（すべ）の中では、〈**智超法秘伝の数え宇多**（かずえうた）〉は、判り易い言葉で、誰もがその実践により、光次元へ行ける宇多（うた）です。

今日、ご参加の皆さんは、最初の、

一 〃いちに 決断 知抄の光〃だけでピカピカの〈光生命体〉になれる筈です。

人間とは、本来 光そのものです。

この〈光そのもの〉に変身する、一瞬のプロセスを、スローモーションのように一から十まで、段階を追いながら、シンプルな言葉で表現しています。

二 〃にに ニッコリ 喜び、賛美〃

三 〃さんで サッサと 感謝を 捧げ〃

四 〃よんで 良い子 光の子〃

五 〃ごで GO! GO! 光を放ち〃

と、知抄の光の威力と共に、魂の光が、解放され、自由にどこへでも羽ばたける、〈**光生命体**〉への道しるべとなります。

知抄の光を、

一、いちで、求め決断する ―と、知抄の光の威力によって〈**光そのものに成り**〉、次の瞬間、光次元にあるのです。喜びに溢れ、笑顔で、既成概念の煩悩的な思いが消え去り、白紙の心に戻り、自らが実在する、吾が魂の〈**本性の光**〉と一体になって輝きます。その時、地球を救う、使命遂行者である光の子は、救い主、知抄の光と一体となり、〈**光人**〉として、〈**大地を受け継ぐ者**〉として在ります。

〈**光の子**〉・〈**光人**〉は、今世のみで、養成された者ではありません。光と化している地球では、この使命云々に関わらず、各人が、〈**光生命体**〉に成ることで、光の地球に同化できるのです。それ故、地球の礎(いしずえ)の光として、各人が、自ら、光を死守することで、救い主、知抄の光によって守られ、〈**光生命体**〉として輝くことで、地球も輝きを増すのです。

数え宇多のCDは、一回うたうのに、一分三十五秒程です。間(ま)延(の)びすることも、速まることもなく、ラップを切っていきます。これこそが、光のリズムと言うのでしょうか。このペースで数え宇多を二十四時間うたい続けると、九百回程度になります。

今の光と化した地球では、〈**光の子**〉が〈**光人**〉として、知抄の光を求める決断をすると、瞬間で〈**光命体**(こうめいたい)〉になって、救い主、知抄の光を、地球全土に放つことが出来る旅路にあります。光のリズムというより、殆(ほとん)どゼロに近い時間ですので、魂のリズムで、瞬間光に変われるのです。これこそが、救い主、知抄の光と言われる所以(ゆえん)であり、威力(いりょく)であります。智超法秘伝の真価(しんか)、ここにありです。

しかし、**人間が、光に成れるのは瞬間だけです。**これだけ実践したから、もうこれで良いという、お休みの時間は、光の旅路にはありません。常に私達は、こうして、呼吸をして、生かされているのです。それ故、実在の知抄の光にお願いして、光の子は、〈**魂の光**〉を、自由自在に解放し、〈**本性の光**〉を、顕現(けんげん)することが出来るのです。

瞬間の今を、知抄の光と共に在る決断をし、光と共に、一呼吸のこの瞬間の、今を、生きるのです。横着(おうちゃく)して、実践したり、しなかったりでは、光の地球で溺(おぼ)れて思考は停止し、何をやってもうまく行かず、三次元の闇人間として、光でないことにも気付かないという、落とし穴が待っているだけです。

光次元に変容している、光の地球を無視し、自らの存亡にも気付かず、光の河で溺れているだけであることを、認識しなければ、前へは進めません。光の子以外の人類は、すべてこのような状況の中に、今置かれています。光の子であっても、実行、実践していないお方も例外ではありません。

　私もその例外に漏れず、〈**光の子**〉でありながら、学んでいても、無知故に、光と化した地球の現状に気付かずに、身も心も大闇を被り、医学的に治療方法の無い病になってしまいました。その苦痛が先行し、喜びが湧いたり、光になる実感どころではありませんでした。しかし、私の〈**本性の光**〉は、知抄の光を信じ、知抄の光にすべてを委ねることを、忘れていなかったのです。知抄の光に、全託するべく、毎日〈**数え宇多**〉を、繰り返しうたっていると、胸の奥が熱くなり、身も心も軽くなって来て、確実に〈**魂の光**〉が精神へ、五感へ、細胞へとお出ましいただけるようになったのです。それは、決して、一足とびに、光の道へ、スーイ、スーイとは行けた訳ではありません。自らの存亡が、そこまで追い詰められた時、どんな高邁な、理論、理屈も通用しないことは、判っておりました。

精神へ、五感へ、細胞一つひとつまで、光をお迎えし、自らが、光へ行きつ、戻りつを、何度も繰り返して、〈**体験**〉することで、光の地球に同化出来、病という大闇からも、生還できたのです。

今日のセミナーは、救い主、知抄の光の威力によって、〈**光生命体に引き上げる**〉セミナーです。すでに自力救済出来て、〈**光そのもの**〉に、変わっているお方も、数多く見受けられます。今日こそ、皆さん、落ちこぼれの無いよう、光の源直系のご使者、救い主、知抄の光を、即お迎えし、〈**十字**(じゅうじ)**の光・吾等**(われら)〉と共に、実在の知抄の光にすべてを〈**ゆだね**〉ましょう。

そして、この威力を、地上全土に放ち、一瞬で、地球を照らし、闇をあぶり出し、現れ出た黒きものを、光で焼きつくし、喜びと、賛美と、感謝に、満ちる、新しい光の地球を、構築して参りましょう。

Y・K 記

◇2 光を守る者は　光によって守られる

二〇一五年二月十一日　セミナーにて

今、私は、吾が家があること、電気が使え、水がいつでも飲めることが、本当は当たり前の事ではなかったことが、判りました。今こうして平穏に、日々を過ごせることが、どんなに幸せなことか、感謝だけです。

昨年の十二月二十七日土曜日のことでした。サロン（２０１）で講座があり、六時二十分頃、ＪＲ錦糸町に着いたのです。携帯に着信が入りました。普段は、電車の中では着信には出ないのですが、何故か、すぐに、出たのです。

「お母さん、今、裏の家が、火事なの。多分、うちの家も燃えると思う。今、消防自動車が着いたから」――と。

要件のみですぐに切れました。錦糸町からは、いくら早く帰っても、千葉の自宅迄は、四十分以上かかります。

私はすぐに、光人（ヒカリビト）の方に電話をし、

「北側にある裏の家が火事になり、私の家が燃えそうです。知抄先生にお伝え下さい」――と。連絡を頼みました。

折り返し、すぐに
「先生に、お伝えしました。大丈夫です。北風が吹かないようにします」

との、ご返信を頂きました。

知抄先生からの伝言に安堵（あんど）し、本当にホッとしたことを忘れる

ことは出来ません。その後は、救い主、知抄の光に、ひたすら、お願いし、喜びと、賛美と、感謝を捧げて、祈ることしか、なすすべはありませんでした。

千葉駅に着き、タクシーに乗りました。近づくと、消防自動車の赤い光が、クルクル回っているのが見えます。道路が閉鎖され、そこでタクシーを降りました。近づくと家の周りは、真っ暗で電気は点(つ)いていません。道路は通行止めになり、家に行けませんでした。隣の家の庭から、塀(へい)をまたぎ、入りました。

家族が、庭に立っていました。主人も娘達も無事でした。真っ暗の中で

「家は　大丈夫なの？」と聞くと、

「燃えると思ったけど、風が全く吹かなくて、大丈夫だった。

水は、家の方から放水したので、少しも被っていない」とのことでした。

裏の家を見ると、白い煙が、真っ直ぐに昇っておりました。消防士さん達が消火活動をしていました。そこだけが、照明で明るく照らされて、他は、真っ暗闇で良く見えませんでした。全焼とのことでした。

すぐに知抄先生に、私の家だけでなく、裏の家の両隣も三方の家も、延焼をまぬがれたことを、お伝えしました。それは、風が全く吹いていなかったからです。感謝しかありませんでした。救い主、知抄の光に助けて頂いたことが、本当に鮮明に、私には判りました。

知抄先生は、

「周りに火が行かないように、出火もとの家を風で囲み、風を天から地面に向けて押さえつけ、地面に火を叩きつけるようにしたから、風は吹かなかったはずです」と、仰ったのです。そして消防士の方々の動きが鈍いので、

「ハッパをかけときました」とのことでした。

安堵したものの、家に入っても、電気は点かず、室内には火事の臭いが、立ち込めていました。一時間位、電気が点くまで家族で庭に、立っていました。やっと電気が通じ、暖かいコタツに入り、家族の顔が揃った時、本当に家が燃えなくて良かった、本当に、怖かった、という言葉が、次々に出ました。

消防車が、消火活動に入るまで、かなり手間取ったのを見ていた家族は、うちの家にも火が移ると、とっさに思い、怖かったこ

とを話し合いました。☆（ホースの接続に手間取ったようでした。）

誰も夕食を、食べることすら忘れて、何も手につかず、コタツの温もりがありがたくて、ただ何事もなかったことの幸せと、ほっとした安堵感の中に、私達は、浸っていました。

火事の翌朝、昨夜は、暗闇で見えなかった裏の出火元の様子を、二階の窓から見て驚きました。後の方は、すべて燃えているのですが、私の家と、両脇の家、三方は、壁が残り、瓦の一部が残っているのです。知抄先生が、仰っていた通り、風で囲み、壁がその証として残っていたのです。

そこは、四十坪ぐらいの、平屋の大きな家でしたが、中は全部焼けて無くなっていました。火の勢いも半端では無かったと思いましたが、ほとんど風も無く、周りの家は、無傷で、放水の被害も全く無かったのです。

知抄先生が、お電話で私に、仰ったとおりの燃え方が、全くその通りになって見えるのでした。私は畏れ多くて、身体が震えました。救い主、知抄の光の威力を、そして知抄先生は、光の源の知抄の光と一体と成られている、救い主様で、三次元の人間では無いことを、メッセージでは、知っておりましたが、本当に身を持って、今回、体験させて頂いたのでした。

それだけではなく、火元の家の庭木も、私の家の垣根の植木も全て無傷でした。大自然の木々は、救い主、知抄の光を喜々として受け止め、火から守られていたことが判りました。

今回、想像したことも無い、外からの、突発的なこのような、体験をしたことで、初めて、全てを投げ出し、救い主、知抄の光に、お願いする〈光へゆだねる〉ということが、本当に体得出来たのです。

このことは、私達家族だけでなく、ご近所の皆さんも、驚きながらも、〈他を思いやる〉という、暖かい心に、変わられたことは確かです。

光を守る者は　光によって守られる

この、実在する光からのメッセージにある言葉どおりでした。

何が起ろうとも、自からが〈光命体〉となって〈光人〉として大地を受け継ぐ使命、まず、千葉を守り、東京、そして日本列島を守り、地球全土に、光を注ぐ歩み致します。

万感(ばんかん)の思いを込めて、救い主、知抄の光に、喜びと、賛美と、感謝を捧げます。

K・F記

☆知抄の光は

実在です。

99. 2.11

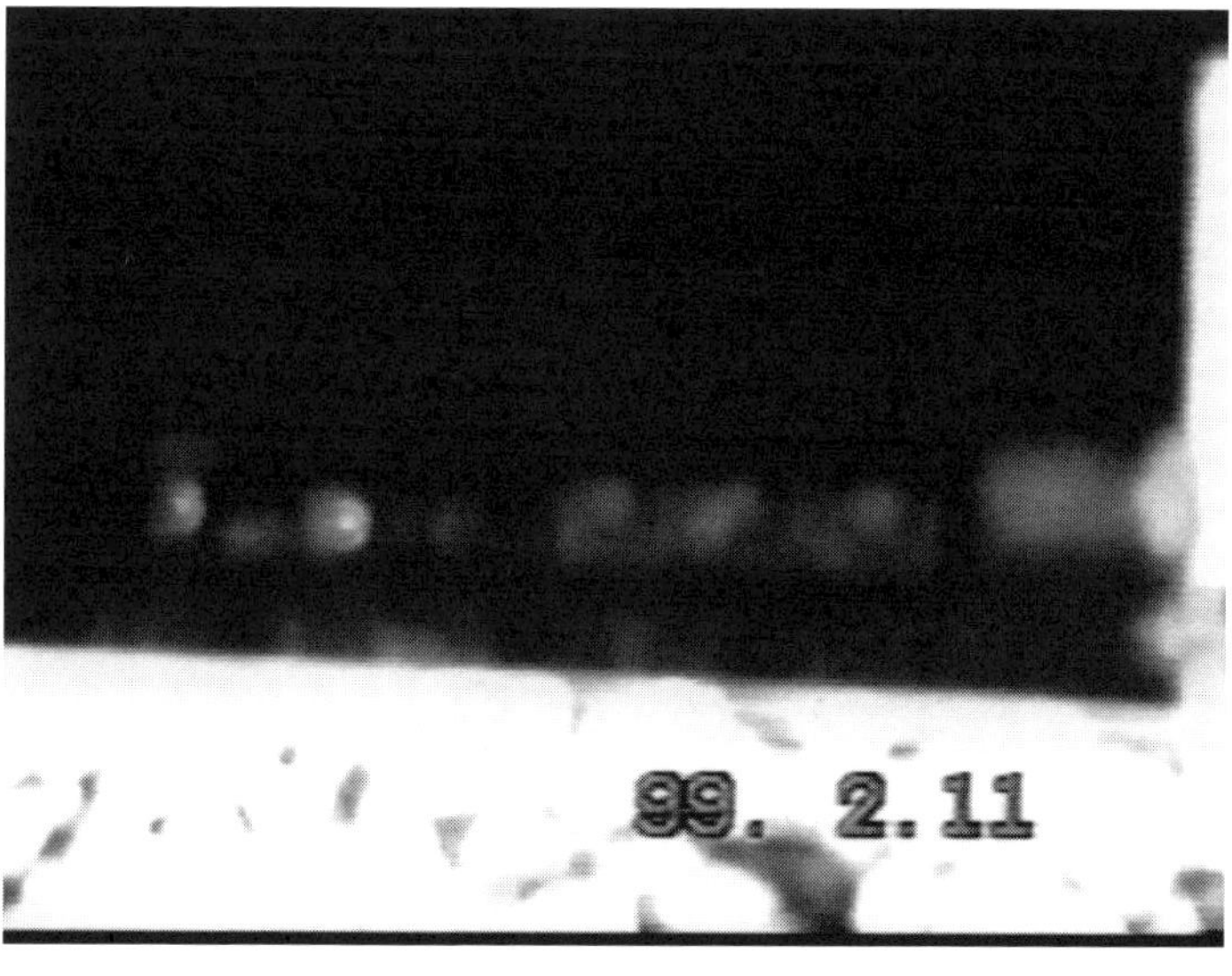
99. 2.11

③ 数(かず)え宇(う)多(た)の真髄(しんずい)

二〇一五年四月二十九日セミナーにて

光と化した地球は、魂の光が主役です。何人たりとも、光と共でないと、次元上昇している、この地上を一歩も前へ進めなくなっていきます。地球自体の存亡(そんぼう)が、人類の存亡として、私達各人のこととして、今、地球人類に、そして、国家も個人も例外なく、突き付けられています。

今、認知症(にんちしょう)他、頭の病の大半は、光と化した地球に同化出来ないが為です。国家間の争(あらそ)いごとも、全て原因は、光と化した地球に、適応(てきおう)できなくなっているからです。

光の源の大計画Ｐａｒｔ２の、〈人類の思考が停止する日〉知抄著（たま出版）を、読了されているお方は、お判りと思いますが、〈**魂の光**〉が、自由に羽ばたけないと、光の河で溺れているので、すべてが光化している地球では、前へ進めなくなるのです。その結果、地球の状況すべてが、今、混乱しているのです。今迄の既成概念の、その一つひとつを、光次元に同化する体験を積み重ねながら、一足飛びには行けませんが、生命の根源、光の源目指して、永遠なる光の道を歩むことになるのです。

地球を光と化す、光の源の大計画は、魂の光を解放し、人類が、喜びと、賛美と、感謝に満ちる、光の地球に同化し、〈**光そのもの**〉になって、自由に羽ばたけるよう、智超法秘伝、数え宇多を、自力救済の術として、お与え下さいました。

次元上昇している地球に、〈**光そのもの**〉として、同化し、適応するための、幸せを呼ぶ、〈**数え宇多**〉を、光の地球に適応して生きて行ける術(すべ)として、受け止められたお方は、自らの意思で、〈**光生命体**〉に、変身できるのです。

それでは、智超法秘伝、数え宇多の一番から五番までを、説明させて頂きます。

数え宇多　一番

一、いちに　決断　知抄の光

これは、私達人間の〈**魂の光**〉に、活力を与え続けて下さっている、光の源直系の生命(いのち)の光、地球を救い、人類を救う、知抄の光に、全てを〈ゆだねる〉決断をすることです。宗教ではないので、誰も命令も、強制もして下さいません。魂の光輝（こうき）は、自らが、自らの熱き思いで、実在する、救い主、知抄の光を、他力本願でなく、自らの決断によって、求め続けることが、次元上昇している、光の地球では大切なのです。

この一、で、しっかりと確信をもって、知抄の光を求めたら即、喜びと、賛美と、感謝が、こみ上げて来ます。

人間の頭の中にある、すべての思考という闇を、〈白紙〉にして頂くのですから、知抄の光に感謝し、知抄の光に、全てを投げ出し、〈ゆだね〉て、喜びでその光をお迎えし、受けとめます。

魂の光輝への道しるべ、人間の古里（ふるさと）、光の源へ帰って行く光の道は、強制も命令もありませんし、ここまで来たら大丈夫とか、何時までにしなければならないという期限もありません。人類存亡、地球存亡をかけて、光の源直系のご使者、救い主、知抄の光は、今地上にこうして、私達が求めれば、実在として、目の前に在るのです。そして、皆さんの魂の奥へ、生命の源の光として降臨されているのです。

このことに気付いたお方から、光の地球の新人類としての生きざまを、本気で実践出来るのです。

光と化した地球に適応することは、人間進化という大きな果実を私達は、一つひとつ〈**英知**〉として、インスピレーションで光から頂けるのです。

数え宇多　二番

二、ににょにっこり　喜び　賛美

これは光次元へ、一番で決断し引き上げて頂くと、光の領域に行きます。光の源・救い主、知抄の在られる創造界は、喜びと、賛美と、感謝の領域です。

光の源の、直系の御使者、かつて地上に降下（こうか）されたことのない、偉大なる救い主、知抄の光は、まばゆい、燦然（さんぜん）と輝く実在です。

この舞台に展示されている、知抄先生目指して降下されている黄金の光のお写真からも、今、光が放たれていることが、お判りと思います。知抄の光は、実在の証（あかし）として、金粉が皆さんの手やお顔に、そして、床に、また、鞄（かばん）の中に散見されることもあります。金粉が現出したからといって、驚くことも、またそのことに捉われることもありません。

数え宇多　三番

三、さんで　サッサと　感謝を　捧げ

知抄の光の領域に行けば、人間の古里である、光の源、生命の根源の喜びの中で、実在する目の前の、光の存在に、感謝が湧き上がるのは、当たり前のことです。

〈今のこの一瞬を、生かされている〉ことへの感謝は、頭の天辺から足先まで、全細胞へと伝わり、打ち震える感動の中で、涙が込み上げて、止まらないこともあります。

数え宇多　四番

四、よんで　良い子　光の子

これは光と化した地球に適応し、新人類として、喜びと、賛美と、感謝で、いつも穏やかに過ごせるようになった、光の地球の礎（いしずえ）の光です。身心共に浄化され、幸せの中で穏やかに、魂の光が顕現（けんげん）し、〈**光生命体**〉としてあります。そして、救い主、知抄と、魂を分かつ光の子は、地球を救い、人類を救う、大使命遂行者として、〈**大地を受け継ぐ者**〉としての、自覚と、確信が、自然に湧（わ）いて来て、救い主、知抄と共にあります。

数え宇多　五番

五、ごうで　Ｇｏ！　Ｇｏ！　光を放ち

自らが〈**魂の光**〉を自由に羽ばたかせ、精神へ、五感へ、細胞一つひとつへと、真っ新な白紙の心で、知抄の光の威力を受け止め、自らが、魂の光と一体となり、〈**光生命体**〉として確立します。

光の子は、光人（ヒカリビト）として、地球全土に光を放ち、光の源の救い主、知抄の光の御意思を、ここに展示されている〈**十字の光**〉と共に、〈**光生命体**〉となって、妖精（ようせい）を放ち、光の地球を構築して、今あります。

この一番から五番までを、一瞬で体得することが、今の光の地

球での、私たち光の子が在る、光の旅路です。
この数え宇多は十番まであります。

数え宇多　六番

六、むは　無口（むくち）で　実践（じっせん）　感謝（かんしゃ）

魂の光が、いつも光の源に向かって、共に、感謝を捧げている状態まで、〈**光生命体**〉に、成ることです。理論、理屈（りくつ）は最早（もはや）、通用しません。知抄の光にゆだね、数え宇多をうたいます。

数え宇多　七番

七、ななは Night & Dayもサラサラと

昼夜を問わず、真っ新な白紙の心で〈光そのもの〉として、身心の浄化された状態を、自らが、心がけて生活します。

数え宇多　八番

八、やあは ヤッサ ヤッサで Be young

（身も心も Be young）

☆（若返るの意）

〈数え宇多〉うたうと、身心ともに若返ります。シニア教室では、十歳は当り前、三十歳も若返ったと、大喜びのお方もおられます。まさに、☆（若返る）です。

美しく、気高く、活力満ちて、元気はつらつです。

数え宇多　九番

九、ここは　ここまで来ても　永遠なる学び

（謙虚 謙虚で　キョン キョン キョン）

人間の古里、光の源へ帰る光の道は、永遠なる道です。しかし、人間は、すぐに奢りが出て、有頂天になって、脇見をします。前だけ見て、光だけ見て、進みます。

数え宇多　十番

十、とうは　トウで成る　成る　光の地球

（スーレ　スーレ　光の源（もと）へ）

喜（よろこ）び　賛美（さんび）　感謝（かんしゃ）　スーレ

喜び　賛美　感謝　スーレ

喜び　賛美　感謝　スーレ

スーレ　スーレ　光の源（もと）へ

☆数え宇多で〈光生命体〉になり、使命遂行者（すいこうしゃ）は、そこから更に、救い主、知抄と一体となり、〈光命体〉として、救い主、知抄の光の御意思を、地球全土に、喜びと、賛美と、感謝で満たし、自らが光化することで、瞬間、地球を進化へと導き、人類を光へと引き上げます。但(ただ)し、〈**真に光を求めし者**〉に、光の源直系のご使者、救い主、知抄の光は、応えるのです。それでは、魂の光を自由に解放する、智超法秘伝　幸せを呼ぶ　数え宇多を、声高らかに実践しましょう。

K・K記

☆**スーレの言葉(ことは)は**、〈なされませ〉の意ですが、もっと幅広(はばひろ)く使われることもあります。〈**数え宇多**〉は、光の源からの賜(たまわ)りものです。

④ 知抄の光は本当に実在でした!!

二〇一五年 四月 二十九日セミナーにて

私は、今、産経学園マナマナ水曜教室に在籍しています。

このマナマナ教室は、光が満ちていて、今迄(いままで)にない、至福感に満たされるのです。三月十八日は、お教室が始まる前から、あまりの幸せに「ハァ〜」と、ため息が思わず出てしまい、「**何という至福感だろうー**」、こんな幸せなところが、本当にあるのだーと。思わず、救い主、知抄の光、ありがとうございます。と、魂の奥に向かって、感謝を捧げずにはいられなくなっておりました。

そして、お教室が始まると、一段と、喜びと、賛美と、感謝が、溢(あふ)れ出て来て、思わず、笑いが何度も何度も込み上げて来るのです。それと同時に、身も、心も、軽くなって、身体が上へ、上へと、引っ張られるように、自然に浮いて、跳(と)び上がってしまうのです。そして、もう私は、笑いを我慢(がまん)するのが、やっとです。

ドスンと着床すると、教室全体が、白銀に近い感じに、明るく変わっていて、金粉や、銀粉が、沢山(たくさん)、床一面に、増していました。もう爆笑です。皆さんも大笑いです。

正面に、スタッフの方が、四人座られていましたが、全員、白く発光して、肉体が、一瞬、見えなくなり、次には、丸い玉のように、見えるのです。

私は、智超法秘伝(ちちょうほうひでん)をお教室で学び始めて、八年になりますが、全く、初めての経験でした。もう嬉しくって、この喜びを、教室終了後、サロン（２０１）へ駆けつけ、感謝の思いの全てを、実在する知抄の光場で、光の源、創造界に在られる、知抄の光様へ捧げました。

実在する知抄の光場、サロンでは、スタッフの方々とお話をすることが出来ました。今迄の体験を上回る、もっともっと大きな至福感に満たされました。救い主、知抄の光場サロンは、その帳にいるだけで、大きな喜びが込み上げて来ます。入静中なのに思わず、我慢出来なくなり、大声で笑ってしまいました。

しばらくすると、ものすごい感謝の思いが、内から込み上げて来ました。次から次へと、どんどん感謝が増して、全細胞へと、深く深く拡がって行き、魂の慟哭となって、私は、もう感謝の涙を止めることが出来なくなりました。魂が揺さぶられ、感動で、全身が打ち震え、身体は、軽く軽くなって行き、浮上し、次にドスンと着床していました。

「ありがとうございます。ありがとうございます」と、何度も感謝を、光の源、創造界に居られる知抄の光に向かって捧げる度に、今ここに、生命を頂き、私が光の地球に、存在させて頂いていることが、有り難くて、有り難くて、涙が溢れました。知抄の光への感謝の思いが、全身に行き渡ると、喜びと、賛美と、感謝が、どんどん地球全土に、拡がって行くのが判りました。

このように、私が人間進化の魂の光輝、光の源への光の道を少しずつでも、歩めるようになったのは、今年の元旦、一月一日に、サロン（２０１）に、入室してからです。

昨年の十二月、お教室で、サロンの入室案内を手にした時、お正月の三が日の入室条件が、緩和されていることに気付き、喜び勇んで、馳せ参じました。

サロンのドアを少し開けますと、何と、そこには、知抄先生が既に、お話しされて居られたのです。私は、驚いて、一度ドアを閉めて、母と兄に「知抄先生が、いらっしゃる」と、声を出そうとしたのですが、驚きのあまり、声も出ないくらいの衝撃でした。

知抄先生は、今迄、直接お話をする機会の無かった私達にも、この日は、お声をかけて下さいました。母は、知抄先生の手を握り締めて、大声で泣き出したのです。側で見ていた私も、嬉し涙が溢れました。次に、知抄先生は、兄の頭に手を置き、お声をかけて下さいました。

そして、私の前に、知抄先生は立たれたのです。すると、私は、嬉しくて、嬉しくて、幼子のように、笑いが込み上げ、笑いが止まらなくなりました。そして、本当に、本当に、座っている私の**身体が、瞬間、軽くなって、浮いたのです。**何度も、何度も、天上に引き上げられる様に浮上し、全身が喜びと、賛美と、感謝で、満たされました。

サロンに居る間、ずっと、嬉しくて、有り難くて、感謝の思いが何度も、何度も、込み上げ、笑っては浮上し、浮上しては、喜びが、全細胞で爆発し、止まらなくなったのです。

私達家族は、各人各様（かくじんかくよう）に、今迄色々な事に遭遇（そうぐう）して来ました。

ここまでの道のりは、決して、平坦なものではありませんでした。それ故に、二〇一五年元旦の、この夢のような、サロンでの奇蹟的な、知抄先生の直接のご指導は、私達家族にとって、大きな魂の光輝への、前進となりました。

この日より、私達家族は、本当に知抄の光の威力に、委ねることが、全てであることが理解出来たのです。学んだことを実行、実践すると、即、光のリズムで、もの凄い速さで、幸せが舞い込んで来るのです。その度に、

「救い主、知抄の光、本当にありがとうございます。嬉しいです」――と。

その日からは、実行実践あるのみと、どんな小さな事にでも、

喜びと、賛美と、感謝を、魂の奥へ、救い主、知抄の光へ、捧げ続けることの、実践でした。魂の光輝への道しるべは、実にシンプルなことだったのです。

光を　垣間見た者は　多し

されど　光の道を　歩んだ者は　皆無なり

実在する知抄の光からの、このメッセージの言葉が、体験として、判るようになりました。

万感の思いを込めて、救い主、知抄の光に、この喜びと、賛美と、感謝を捧げます。

Y・K記

⑤ 今をこの瞬間を本気で生きる

二〇一五年 四月 二十九日セミナーにて

昨年四月、七十歳で定年退職した主人は、「これから次第(しだい)に年をとるから、老化防止に資格を取って働きたい」と、調理師専門学校に百六十万円支払って、通い始めました。

私だったら、もう無理ではないかと、簡単にあきらめてしまうところです。主人の決断と勇気に、本当に驚きました。

四月に入学してからは、十代から五十代までの同級生の中で、厳しい学校生活が始まりました。

学科試験はもちろんのこと、大根の桂(かつら)むき、きゅうりの蛇腹(じゃばら)切り、鯵(あじ)の三枚おろし、オムレツ等の実技の課題を一つひとつこなして行くのです。そして、家に帰ると、その日の学びを実習する為に、夕食を作ってくれるのです。

その後は、眠くなるまで学科を勉強し、そのあい間(ま)に、十一時頃になると、大根の桂むき等の、実技の練習をしておりました。

五月には、知抄先生から届いた宅急便の中に、なんと立派な大根が入っていたのです。主人にとっても、私にとっても、どれだけの大いなる活力の源泉(げんせん)を頂いたか、計り知れません。

大根の桂むきは、字が透(す)けて読めるくらいに薄く薄く、幅八センチ、長さ三十センチ以上、繋(つな)がらなければいけないのです。来る日も来る日も練習するのですが、そう簡単には出来ない様子でした。

毎晩、次々と課題を練習する度に、大根やきゅうりが、どんどんたまっていきました。こうした日々の、厳しい実習を伴う技を、身に修める授業が続きました。その中で、夏休みは、ハワイへ研修旅行に行きました。

そして、九月には、関東学院大学の食堂部で二週間の校外実習も経験していました。

私は、毎日、まるで子供を見守る母親のような気持ちになり、主人が途中で音をあげることなく、無事に終了することを願いました。

毎日が学んだことを身に修めるという、主人の、今を本気で生ききる実践の中に、私も、光と共に、在りました。

更に秋からは、二月十一日の卒業作品の発表会に向けての、より難しい課題が提示され、その準備が始まりました。八十センチ×六十センチのテーブルの上に、学んだ、創作料理を並べるのです。

主人は毎日、緻密な計画書を立てて、着々と、料理の準備を進め、毎晩練習に励んでいました。

ある日、サロン（２０１）から帰ると、テーブルの上に、すでに、夕飯用のサラダがのっていました。レタスを冷水につけてパリッとさせ、彩りよく、丁寧に盛りつけられたサラダを見ていると、暖かい、愛の波動が、伝わってきて、私は涙がこぼれました。主人に頭が下がり、「本当にありがとうございます」と、手を合わせ、幸せをかみしめながら、夕食を頂きました。

私が、今、こうして、元気で好きにさせて頂いているのは、主人の全面的な協力に支えられているからこそであることが、本当に、本当に、身に染みて判ったのでした。

私が、一生懸命生きているから、

応援したくなると、主人は言います。

そして、二月十一日、卒業作品の発表会の日が来ました。私は、〈**光生命体になる**〉セミナーが、横浜のプラザホテルで午後からあり、主人の発表会に行くことは出来ませんでした。

〈**雪国の宴**〉と題した十五品の日本料理は、展示会場で、皆さんから、素晴らしい出来栄えと、賞賛され、その結果、学校名を冠した賞と、協賛企業二社からの**三賞**を頂くことになったのです。

当日、セミナーを終えた私が、展示会が終わった主人と逢った時、主人の顔は、真っ白に〈**光そのもの**〉になって、輝いておりました。

その三日後の二月十四日、神奈川新聞に、この受賞が掲載（けいさい）され、主人の名前も共に掲載されておりました。

この一年間をふり返って判ったことは、学んだことを即実行・実践し、身に修めることとは、体験した足跡（そくせき）によって、初めて光の道も、前へ一歩進めることでした。

知抄先生は、光の源からの御指導をメッセージで受託（じゅたく）され、その一つひとつの御啓示を実行・実践され、救い主、知抄の光と一体となられ、何人も侵（おか）すことの出来ない、偉大な救い主、知抄として、確立され、地球の核となられておられます。それは、受託されたメッセージを必ず身に修め体得しなければ、次の受託を、お願いすることが出来ないという、厳しい、何人にも出来ない体験であったことを、少しだけ、かい間見た思いがします。

主人の一年間の学校生活は、私自身が、セミナー・サロン・そして各教室で学んだことを、必ず光になれるまで、その日に実践し、光と共に研鑽を積み重ねた結果、主人も共に、光の地球に適応出来る生き様を、体得出来るまでに進化させて頂けたのでした。

そして、主人の就業先は、早々に決まりました。少し早起きになりますが、新しい生活が四月から始まります。

今のこの喜びを、幸せを、地球全土に振り撒く御使命の一翼を担います。そして、シニアの皆さんが、楽しくお元気に過ごせるよう、そのお手本として、いつまでも、身心共に健康で在りたいと願います。

K・M記

⑥ 毎日が　嬉しく　楽しく　幸せです

二〇一五年　七月　四日セミナーにて

智超法秘伝（ちちょうほうひでん）を学び始めた当初、私は物事をマイナスに見る癖（くせ）がありました。それを是正（ぜせい）する為に、感謝ノートを、毎日つけるように、勧（すす）められていたのです。毎日が、健康で、明るく、楽しく、生活出来ることを基本にして、いいことがあったら、その都度（つど）書き留め、その一つひとつに、感謝するようにしていました。

ところが二十三年経った今は、毎日が奇蹟の、あり得ない幸せ、ラッキーノートを、つけていることになってしまいました。職場での仕事内容、それに関わる人間関係、政治、経済へと、私の関わる日々の目の前に在ることが、もう三次元では、想定外の奇蹟としか思えないことが、ほぼ毎日のように起こっているのです。

それこそ、その一つひとつに対する、知抄の光への感謝が、とても追いつかなくなるほどになりました。例を挙げれば、今日は徹夜になる、と私の部署で全員覚悟していたら、全てが十時半に終わり、十二時前に全員が帰宅し、家族も驚く程でした。もう一つ、大変な外部の監査があり、これから不眠不休で準備をする覚悟を決めていたら、やって来るはずの担当者が急に転勤になり中止になったりして、拍子抜けしてしまったこともありました。現場で問題が起こり困っていたら、そのことを、唯一知っている専門家が、偶然現れ、解決してくれたり等、全てに渡り、スーイ、スーイと、何の心配もなく、全てがうまく行くのです。

一般的には奇蹟としか、表現できないのですが、いつも、知抄の光に問いかけて、委ね、お願いしてから言動すると、日常的に、多い時には日に、二度も、三度も、良い方へと導かれているのです。知抄の光からのメッセージによると、

奇蹟とか奇蹟でないとか、不思議であるとか、
不思議でないとかの区別は、
人間の判断であり、
光の目、光の足で歩めば、
全ては、当たり前のことである ――

とのことです。

二十年ほど前になりますが、私は、知抄先生の宇佐行きに、同行させて頂きました。何も知らない私ですら、知抄先生が居る所、全てが、異次元世界でした。雪のちらつく宇佐の山も、曇天(どんてん)の秋吉台でも、必要な時には、空が割れたように、突然、太陽が輝きだしたり、分厚(ぶあつ)い雲で覆(おお)われていたはずの満月が、急に雲をバックにして、前へ出てきて輝いたり、星が大きくなったり、小さくなったりし、それだけでなく、地上に居る私達に、近づいてきたりする等の、考えも及ばない、不思議を通り越した、奇蹟が、当たり前のように起こるのを、目の前で、毎日体験し、同行した者すべて、身心共に変容するという、とてつもない恩恵(おんけい)を頂きました。

地球が光と化した今、光の子は、救い主知抄と一体となり、〈**光**(ヒカリ)

人（ビト）〉として確立しているはずです。そして、二十四時間、救い主、知抄そのものとして、光の源の大計画を遂行しています。光の子が今、〈**光人**〉として確立していれば、全ての言動が、知抄先生と同じように実現し、地球を構築して歩む、光の旅路にあります。想えば即、光人は、全知全能を、一つひとつ引き出して、使いこなせるのです。

二十年前に、知抄先生が、宇佐でお見せ下さった奇蹟が、日常茶飯事（さはんじ）のように、当たり前のこととして、この私にも、出来ることを実感する毎日です。

嬉しく、楽しく、幸せです。それは、光次元にいつも在れば、喜びと、賛美と、感謝の中にいつも在るからです。

〈**光人**〉として、救い主知抄と一体となり、分身として在れば、地球を救い、人類を救うという、大いなる博愛の言動は、当たり前のことになるのです。これが、光の子が〈**光人**〉として確立している証であり、いつも知抄先生と共にあります。毎日何かの連絡をしながら、全て光の源のご意思を、地上に、顕現しているのです。

今、日本列島は、異常気象、首都直下地震、火山の噴火、原発事故の危険性と、一触即発の危機に瀕しています。まずは、楽しく嬉しく、〈**光そのもの**〉になり、〈**光命体**〉として、感謝を捧げてお願いし、身近な、日本列島を、生活の基盤として、守り抜きましょう。

そして、日本列島のみならず、中国、北朝鮮、韓国、ヨーロッパ、アメリカ、アフリカ……等、瞬間の閃きで、知抄、救い主のご意思を受けて、これ等の地域に、また局部的にも光を注ぎ続けましょう。

肉体から出て、光そのものになり、〈**光人**〉として、〈**大地を受け継ぐ者**〉として、世界中どこへでも飛んでいき、どんどん地球全土に、二十四時間知抄の光を振り撒き、根付かせ、あるべくしてある姿へと、地球を瞬間、瞬間、構築して行くのです。

これが、〈**大地を受け継ぐ者として**〉の、〈**光人**〉の生き様です。

それでは、救い主　知抄の光、救い主　知抄、そして、地球を救う〈**十字の光・吾等**〉と共に、光の子、光人、真に光を求めし者、一丸となって、光と化した地球を守り抜きましょう。

Y・J記

99. 2.11

99. 2.11

7 人間は 瞬間しか光になれない

二〇一五年 七月 四日セミナーにて

五月九日第二土曜日、池袋の治療院から二十一時過ぎに自転車で自宅に向かいました。雨も上がり路地を左折しようとハンドルを切った瞬間、身体の側面は地面に叩きつけられていました。全身が激しく痛みましたが、なんとか自力で治療院に戻れました。只事でない痛みの中、関係者へ連絡をし安静を保ちました。

この日サロン（２０１）の〈光人〉の講座で、「**自らの存亡がかかっているので、本当に何が起こるかわからないから光を死守するように**」と、何度もご指導を頂いていたのです。ほんの一瞬の隙を突くように、雨で濡れていた鉄板に車輪をすくわれてしまった不甲斐なさに悶々としていました。

そのような状況の中、知抄先生からご指導のＦＡＸが届いたのです。

知抄先生は、数日前に、私が九年前に自転車で肘を骨折した時のことをふっと思い出しておられたのです。危険であることを既に察知なさっておられたのです。それを私が、話して頂くチャンスを、サロン（２０１）に参加していながら、自ら逃してしまっていたことが判りました。

そして、

〈光でないから怪我をしたとか、自己評価をしてはならないこと。すべてあるがままを、光にゆだねることで全知全能を一つひとつ引き出し、知抄の光の威力を使いこなさねばならないこと。また、反省するのではなく、救い主、知抄の光を吾が魂にお迎えするのですから、本性の自分の光と共に、知抄の光にゆだねて、にっこりです。〉とのお言葉を賜りました。

一瞬にして、この試練を自らの成長への宝にしなければと、即、前向きに明るくなれました。喜びと、賛美と、感謝の中で、知抄の光を守り抜き、一日でも早く、光人として確立するぞ、との熱き思いへと一瞬で変えて頂きました。

翌日のＭＲＩでの検査結果は、左の骨盤の骨が二ヶ所骨折しており、六週間から八週間は、松葉杖を使って、安静にするようにとの診断でした。椅子に座っても、痛みが出ない部位であったことが、今回とても幸運でした。肝心要の所を守って頂き、大難を小難にして頂けたことは、知抄の光のお陰と思います。

　肉体がどのような状況であろうと、知抄の光の威力にゆだねきり、にっこりと、喜びと、賛美と、感謝で過ごす、〈光人〉としての確信に、揺らぎがあってはならないことに気付きました。智超法秘伝、数え宇多をうたい、「**知抄の光　暗黒の地球をお救い下さい。この骨折を、一日も早く治して下さい。**」と、魂の奥へ奥へと、光の源に向かって届くまで、雄叫びを上げ続けました。

　しばらくすると、吾が魂の〈**本性の光**〉が開放され、自由に羽ばたく喜びが、笑いとなって込み上げ、活力も共に湧き上がって来ました。

　今迄、自分は、光を死守していると思い込んでいたことが、全くの思いこみで、セミナーや教室を出ると、すぐ人間に戻り、何一つ、実践出来ていないことが、今回、あぶり出されました。

日頃から、部位を担い、お手伝いさせて頂くことが、どれ程光の子を、光人へと確立させ、使命遂行へと、知抄先生の自己犠牲によって、ここまで来られたか、が判りました。そして、知抄の光にゆだねるしか、この地球では、何一つ、人間には、最早（もはや）出来ないことが判りました。

その翌日、暖かいお見舞いの言葉と共に、光の品々を知抄先生から賜りました。一口頂くごとに、嬉しさが喜びとなって、身体の中から細胞一つひとつへと拡がって、浄化され、光に変わって行きました。仲間の光の子等からも、光を注いで頂き、耐え難かった痛みも軽減し、骨折から四日目で、座った状態で、仕事に復帰できたのです。この四日間は、異次元世界に居るような、不思議な感覚で過ごさせて頂いていました。
骨折してから、二週間目の五月二十二日、金曜日のことです。前日まで、室内でも、松葉杖を手放せなかったのですが、お昼休みに瞑想していますと、ふっと（**もう歩けるよ**）との閃きがありました。エッ！　と思い、すぐに松葉杖なしで足踏みをすると、痛みが無くなっていたのです。その後、休みを入れながら、繰り返し慎重に、確かめたのですが、全く、痛みが出ないのです。余りの嬉しさに大声を出して
「**知抄の光、ありがとうございます**」――と。平伏して光の源へ向かって感謝の雄叫びをお届けしました。
医師の当初の所見では、骨盤の骨がくっつくまでに、最低でも六週間から八週間の期間がかかるとのことでした。初めに、知抄

先生がお電話で、「**骨折した箇所をロイヤルゼリーで固めたからね！**」と、おっしゃった〈**比喩**（ひゆ）〉の言葉を思い起こしました。

光の源直系のご使者、偉大なる救い主の光が、実在の救い主として、知抄の光の威力を駆使（くし）される、知抄先生のすべてを光化し、浄化して下さる体験を、刻一刻（こくいっこく）と頂いたのです。光の子ならば、自らが、救い主、知抄先生と一体化して〈**光人**〉になり、その威力の一つひとつを、引き出し、全知全能を使いこなす、大きな学びのチャンスを、痛い思いの体験を通して、今回身を持って、教わることが出来ました。

どんな状況であろうと、使命遂行者としての〈**光人**〉は、〈**大地を受け継ぐ者として**〉知抄先生の手足となり、瞬間、インスピレーションで使命を頂き、それを担うことでした。私は、救い主、知抄の分身として、すべてを救い主、知抄にゆだね、全託までは、未達でした。〈**全託**〉することで、瞬間、救い主、知抄と一体となり、地球を、人類を救う、〈**光人**〉としての使命に、生命を注ぐことが出来るのです。

今迄、お手伝いをさせて頂いていても、この基本姿勢が未だ身に修まらず、未確立であったことが、このような、痛い体験をすることで、軌道を修正されたのでした。四月二十九日のセミナー後、昨日、光人であったとしても、今日という今を、〈**光を死守**〉していなければ、何人たりとも例外はないことの、厳しい現実を突き付けられました。

人間本来の姿〈**光そのもの**〉として、〈**魂の光**〉を自由に解放して、光と共に生きる、地球を光と化す、〈**光の源の大計画**〉

は、地球人類、誰もが、歩んだことのない道です。

光を　垣間見た者は　多し
されど　光の道を　歩んだ者は　皆無なり

知抄先生以外、今地上で、光の地球を統一出来る方はいません。そして、私達を光と化した地球に適応出来るように、光へと引き上げて下さる方も、知抄先生以外おられません。このことは、私達光の子には、何度もメッセージと、必ず具現化された証を伴って、確実に、光の道を指し示されて来られています。

光の源直系の御使者である知抄の光は、かつて、地上に降下されたことのない神様の中の神様が、救い主の御霊として、知抄先生と共に今、地上にあることが本当に今回良く判りました。

　知抄先生は、真に光を求める、熱き思いの光の子にとっては、全知全能を駆使できる神の化身であることが、本当に、本当に、その隔たりはあまりにも遥かな遠い所ですが、今回、一瞬ですが、見える旅路を体験させて頂けました。

　瞬間、使命を頂き、〈**光人**〉になったとしても、それは、今、この一瞬の生き様なのでした。そのことが、体験がない為に、今迄人間の私は、あまりにも知抄先生に対しても、不遜であったことに気付かされました。人間はどんなにあがいても、常に、光の源の宇宙の根源の神である、光の源の光、そして、〈**十字の光・吾等**〉と称される神々様に対して、何も判ってはいないのです。

　そして、地球の核そのものである、救い主様であられる神の化身、知抄先生を、人間として接し、軽んじて、裏切り続けて来たことが、鮮明に判りました。帳の中で、光の子が出す闇が、本当に地球にとっての大きな光化への妨げであり、私自身が足枷の一人であったことに、痛いほど、気付かせて頂いたのです。

今迄、知抄先生がすべてを、承知しながら、私達光の子、分身である使命遂行者の〈光人〉にすら、神という名称をお使いにならなかった、その深い思いを、今回の骨折という痛みの中で知り、涙が止まりませんでした。

光の源の大計画は、知抄、救い主のご意思によって、遂行されている事実は、証と共に顕かになって来ています。次元上昇した地球に同化する為には、光次元へは何人たりとも例外なく、救い主、知抄の光の威力を頂かねば行けないことが、メッセージ通りに、鮮明になっております。

それでも、尚、知抄先生は、今迄、この十数年間、何一つ、ご自分の地上での自己顕示は、なさいませんでした。

人間は、光そのものである、〈**光生命体**〉に、瞬間の今しかなれない、三次元の肉体人間であることも事実です。

光の源に誓いをたて、救い主、知抄と共に、地球目指して、数億劫年前から、閲して来たことが、今こそ、現実化する時を迎えたことを、喜びとし、共に前へ進む所存です。偉大なる救い主、知抄の光に、万感の思いを込め、感謝を捧げます。

T・H 記

⑧ 光と闇との戦い!!

二〇一五年 七月 四日セミナーにて

五月十八日、月曜日の朝のことです。

「足が痛くて起き上がれない」――と、小学三年生になる、九歳の息子が言いました。左足の付け根、腿（もも）の辺りが痛むようで、左足を床につけることも出来ず、骨が折れたのではないかと思いました。

知抄の光にお願いする暇（ひま）も無く、目の前で痛がる子供のことでもう頭の中は、いっぱいでした。

病院に着くと、歩くこともできない状態で、車椅子で移動し、診察を受けました。幸い、骨には、異常はありませんでした。お医者様からは「**筋肉を痛めたのだろう。強くぶつけたりしましたか？**」と、聞かれましたが、息子も私も、心当たりはありませんでした。飲み薬を処方され、一週間後に、来るように言われました。

息子は、学校へ、そのまま、車椅子で登校しました。骨折でなくて良かったと、私はホッとしましたが、ずっと光を忘れておりました。

その夜、知抄先生から、就寝中の息子に、光を注ぐご指導を頂きました。今迄と同じように、私達は、すぐに、治るのが当たり前のことと思っていました。しかし、翌朝になっても、今回だけは、息子の症状は全く変わらないのです。

二日目の夜、知抄先生から、再び私達夫婦にご指導があり、私も共に〈**光人**〉になって、寝ている息子に、光を注ぎました。

しかし、翌朝も、息子の症状は、相変わらずでした。

三度目のご指導を頂き、スタッフからも、「一日目の夜に、既に治っていたはずです。一週間後にお医者様へ行くこととしか、念頭にないのでは、子供を守ることは、出来ないでしょう。今から、光の子が〈**光そのもの**〉としてあらねば、どんなに、光を浴びせ、その時は、治癒して治っていても、あなた方が肉体次元にいる限り、同じ思考パターンで、闇をすぐに呼び込み、ぶり返すのです。まず、〈**光人**〉として確立しましょう」―と。

智超法秘伝の数え宇多をスタッフと共にうたい、瞬間で、光へ引き上げて頂いた私は、やっと停止していた思考が作動し、事の重大さに気付きました。即、救い主、知抄の光に、全てを投げ出して、〈**ゆだね**〉るだけでした。

そして、魂の奥へ降臨されている救い主、知抄の光へ、光の源へと、お願いし、喜びと、賛美と、感謝で、肉体から出る決断をしました。そして、痛みに負けることなく、学校を休まないで、車椅子と松葉杖で今、教室に居る息子へ、光を注ぎました。

この日迎えに行くと息子は、痛みが少しだけ軽くなったと言いました。しかし、夜になると、痛みは、相変わらずの様子でした。

四度目のご指導のお電話を、スタッフを介して頂きました。やっと共に智超法秘伝の光呼吸を実践し、数え宇多の一番二番をうたうと、私の体は暖かくなり、嬉しくなってきました。自分では〈**光命体**〉になっていると思っていたのですが、三次元に留まっていることに、気づかせて頂きました。全く、自力救済が身に修まっていないことに、恥辱（ちじょく）の涙でした。

光へ行きつ、戻りつを、何回も、繰り返し、〈光そのもの〉として、〈**光生命体**〉になる為に、生命を注ぎました。まず魂の光、私の本性（ほんせい）の光が、共に、うたう、智超法秘伝の数え宇多

一　いちに決断　知抄の光

二　にに　ニッコリ　喜び　賛美

三　さんで　サッササと　感謝を捧げ

ここまでうたうと、知抄先生が、救い主様として、在られる領域、光の源の創造界の、黄金の光を垣間見ることが、やっと自力

で、出来ました。

　私達夫婦は、その夜、〈**必死ではなく**〉、ゆったりとして、知抄の光に全てを捧げ、光の源の、光を浴びながら、自らが〈**光人として確立**〉し、息子にご指示通りに光を注がせて頂きました。どうしようもない、低我(ていが)の人間を、全て知抄の光の御前に曝(さら)け出し、投げ出し、委(ゆだ)ねきりました。

　今迄の何百倍もの、知抄の光を求める熱き思いで、喜びと、賛美と、感謝で、救い主、知抄の光に頭を下げました。すると、知抄の光に導かれ、私の中にある闇が、浄化されて行くのが判りました。私が〈**光そのもの**〉になることは、瞬間、地球全土に光が注がれることが判りました。〈**十字(じゅうじ)の光・吾等(われら)**〉の光の御方(おかた)が、降下(こうか)され、共に今、在ることは、本当に実感でした。

救い主、知抄の光の受け皿として、息子の左足の付け根に光を、私達は、喜びの中で、笑顔で、注がせて頂きました。その時、私の右下の奥歯に、強い痛みが走りました。しばらくすると、その闇は、照らされ、消えていったようでした。知抄先生が、ご指導の折に、担当スタッフの方々が、光でない時は、歯が痛くなるとか、頭が痛くなり、お言葉が、出て来ないことを仄聞（そくぶん）しておりましたが、まさにこのことだった……と。

自分でも、耐え難い程の、歯の痛みを体験して、やっと帳（とばり）で出す光の子の闇が、地球の闇であるという認識が鮮明に判りました。光の子が〈**光人**〉として確立することで、常に、知抄の光の帳は守られ、地球も同じであることが、本当に、確信できる体験でした。

翌朝の五月二十二日金曜日、息子は、

「僕は、夢を見たんだ。どこも痛くなくて、サッカーをしていたよ。足、全然痛くない。治ったあ～」と。そして、

「僕千回、知抄先生にありがとうございますって言う。知抄の光ありがとうございます」――の、第一声を放つと、ニコニコ顔で、学校に、足取りも軽く行きました。学校の先生は、息子がズンズン階段を上って来るのを見て、「え～～っ」と言って、目を見張って、本当に、驚かれました。私もこのことをどう説明すべきか、〈**数え宇多の六番、むは無口で実践感謝**〉を、魂に掲(かか)げて、見守っておりました。

四日間の息子の痛みを目の前にし、私は、知抄先生の痛みも同じであり、それ以上の御苦しみの中で、二十四時間、地球の核と

して、救い主としての使命遂行に、すべてを投げ出されている自己犠牲に、言葉がありませんでした。
四月二十九日のセミナー後、闇との戦いは、一瞬の隙(すき)もあってはならないと、光の子には、毎日のように、〈**ここに来て、知抄の光を死守出来ない、スタッフはお去り下さい**〉と、言われていた言葉を思い出しました。

地球を救い、人類を救う、光の子の使命の大きさを、実感として重く受け止めることが出来ました。

息子は、早速、体育のリレーの稽古(けいこ)に参加したいと申しましたが、〈本人が大丈夫〉と言っても、担任の先生は、まだ驚きが冷めやらず、「今日は我慢しようね」――と、様子を見ておられました。

お約束の一週間経った月曜日に、お医者様へ行きました。「あんなに痛がっていたのに治ったの？」と、息子に問診し、もう来なくていいよ—で、診察は、二十秒で終わりました。原因が何であったかは、医学的にも不明のままです。

知抄先生は、二度とこのようなことが起こらないよう、光の子は光人として確立し、大地を受け継ぐ者としての使命遂行、共に行かん……と。前だけ見て、光だけ見て、脇見をしないようにとのお言葉でした。本当にありがとうございました。

K・Y記

そして、五月二十二日（金曜日）、息子が治癒した、同じ日に、⑦〈T・H記〉の骨折のお方も、同時に治癒されているのでした。子供を守るのは、親の責任であること、確と魂に刻み、共に行きます。

一九九五年　三月　十一日　受託

☆メッセージ〈公言してはならない〉について

光と　闇が　統一する時までの
知抄の道のりは
まだ　始まったばかりである
知抄は　これから　起こる
様々な世の動きに捉われず
光だけを見つめ

光の子　知抄自身の魂を
　強く守り　光らせ
私達のかけ橋を　保たねばならない
　これから　多くの者達が
イエス・キリストの名を騙り
　私達の名を騙り　出現するであろう
しかし　知抄は決して　私達のことを
　時期が来るまで　公言してはならない

光の子は　すでに　目覚め
　知抄の力を　待っている者もいる
また　これから　知抄のもとに
　やって来る者もいる
知抄は　光の子に
　大いなる力を　授(さず)けねばならない
能力ではなく
　光に向い　真っ直ぐに　見つめる

知抄に　全託の心を授けねば
光の子が　本物の光の子になる
大きな　チャンスを逃してしまう

☆このメッセージの一部は、智超法秘伝第三巻（たま出版）
地球を救う〈知抄の光〉メッセージ㉝ご参照

二十年前に受託された、私達のことを〈公言してはならない〉の知抄先生への実在する光からのメッセージです。今迄、知抄先生は、この内容についてのご説明は、一切なさいませんでした。その為に、ここまでついて来られた方も二月十一日及び四月二十九日のセミナーの後は、光の道を、一歩も前へ進めなくなっているお方もおられます。

そして、宇宙創造主、光の源の創造界に、いつも在られる知抄先生は、人間の姿はあっても、もはや人間ではなく、救い主、知抄の光と一体となられた、神そのもので在られます。私達光の子ですら**光人〈ヒカリビト〉**にならねば、お話すら出来ない、はるか遠い遠い人間の近づくことすら出来ない、純粋な光の境域に居られます。

それは、知抄の光の威力による足蹟と、光人〈ヒカリビト〉生誕の事実が証です。二十年前、既に、知抄先生ご自身は、ご承知の上で、私達　光の子を養成し、全てを黙って大きな自己犠牲の中で、地球を光と化す使命に生命を注いで来られました。やっと、今日、その一側面を私達光の子等に、ご説明頂けました。

イエス・キリストの名を騙り
私達の名を騙る者が出現しても――

の、この〈私達〉とは、光の源、宇宙創造主の一員であられる、救い主、知抄と、〈十字の光・吾等〉です。地球創成の根源の光である、創造界の生命の水辺に在られる、偉大なる至純至高な光です。この地球を光と化す大計画を光の源で企画され、指揮官として、光の源にある知抄の光様と申し上げるしか、言葉が見つかりません。救い主、知抄の光様は、かつて地上に降下されたことは、ございません。

燦然と輝く　光の源直系のご使者として、何人も侵すことの出来ぬ、偉大なるその威力は、地上の指揮官、知抄先生と一体となって、今、地球の核としてあります。

吾等(われら)は肩書きは持たず、この光の威力を持って示す——との言葉(ことは)どおり、知抄先生は、二十年間、一切の三次元の感情界から、遠ざかっておられます。しかし、光と化した地球は、すべて知抄の光の足蹟であることも事実です。

〈**私達のことを公言してはならない**〉ことを、知抄先生が今日まで守り抜かれたのは、何故(なぜ)でしょうか。〈**お神様**〉だと、早く言えば判り(わか)易(やす)いのに、今更何を……と思うお方もおられるでしょう。しかし、このメッセージの意味も、神とは何かを、人間が語る資格は、まだありません。それは、地上に蔓延(はびこ)る宗教が掲(かか)げる〈**お神様**〉とか〈**救い主様**〉とか、光とは全く、程遠い、一部の指導者達によって、闇を光と信じ込まされ、地球は支配され、今日の暗黒の地球の構成員になっているからです。皆様の頭で捉える〈**神様・救い主様**〉の、既成概念による理解力は、このメッセージの〈**私達**〉とは、あまりにも、低我の闇に毒されたものとは違いすぎ、誤解を招くだけです。それ故、〈**次元上昇**〉という、地球丸ごと具現化された真実を証として、この計画を遂行せし者であり、地球の核でもある。今ある光の源の威力、その知抄の足蹟を持って公表させて頂きました。

そして、知抄の光様には、手足となって、地球を救い、人類を光へと引き上げる、〈**十字の光・吾等**〉が光の群団として、救い主、知抄先生を守り抜いています。

吾等に不可能の概念なし――のお言葉どおり、救い主、知抄の光に、全てを委ね、熱き思いで〈**知抄の御名**〉を、魂に掲げる者は、必ず、光へと引き上げていきます。いよいよ、光の源が、地球救済の為に遣わされた、救い主、知抄の光が、地球の表舞台へと出る時が到来しました。それは、地球存亡、人類存亡の危機が、私達各人の決断にかかっていることでもあります。

救い主、知抄先生をお守りする〈**光の子**〉は、全託の心を知抄の光に預けることで、救い主、知抄と一体となり、〈**光命体**〉として、使命遂行する、**光人**〈**ヒカリビト**〉としての確立へと、お導き頂けるのです。

今、〈**光の子**〉は、救い主、知抄先生と共に、常に、喜びと、賛美と、感謝に満ちる、光の帳の中にあります。

更に、**光人**〈**ヒカリビト**〉は、〈**光命体**〉として、救い主、知抄の創造界の水辺にあることで、〈**大地を受け継ぐ者として**〉

の使命を与えられ、知抄の放つ妖精(ようせい)と共に、偉大な救い主、知抄の分身として、大いなる光のお力を授(さず)かるのです。

光人〈ヒカリビト〉　K・K 記

☆　二〇一五年 七月 四日　横浜岩間ホールで開催された 地球を救う 知抄の光と共に〈大地を受け継ぐ者としての確立〉セミナーで公表された、メッセージの抜粋です。

☆☆　**人間とは、本来、光そのものである。**

これを証する、三次元の人間が舞台上で、光の玉になって行く一連の写真を、証として初公開されました。

あとの言葉

二〇〇一年四月二十二日、与那国の海底遺跡に、〈**地球を光と化する**〉使命遂行の為に、潜水して以来、〈**数え宇多**〉は、私にとっては、生存に必要で、不可欠な空気の様になりました。

☆（光の源の大計画　Ｐａｒｔ１　知球暦　光元年　２２２頁　（五）与那国海底遺跡へ　をご参照）

あの折、荒海に潜行する、綱のないドリフトダイビングは、突如、異次元に放り出された鮮魚のようでした。水抜きの出来ない海中で、突然思い浮かんだのが、二〇〇〇年暮れに公表された最新の智超法秘伝、光への道しるべ、〈**数え宇多**〉でした。

心の中でうたうと、緊張していた心身を穏やかな、あるべき姿にして頂けて、水面下に広がる、別世界の美しさに見とれる余裕さえありました。私の潜水を助けるバディに、ＯＫのサインを出し、後に従って行くと、下に深く切れ落ちた岩壁が続き、急に海水の流れの速さを感じました。

全く新たな未知の世界に、一瞬不安がよぎりました。前を見ると、案内をしてくれていたバディが、私の視野から急に、消えていないのです。そして、十数メートルの海底から、水面を見上げると、見えていた、乗船して来た船の船影もないのです。

初めて潜水した、初心者の私を海底に残して、どこへ消えたのか、不安で、緊張が押し寄せるその瞬間、咄嗟に私は、〈数え宇多〉を、うたい始めていたのです。本当に、知抄の光の威力によって、光で守られ、細胞一つひとつまで、闇を寄せつけない、〈**光人**〉として、救い主、知抄と一体となっての、自らの思考による闇との、一瞬の闘いでした。次の瞬間、バディがどこからともなく現れ、安堵しました。

あの荒海に使命とは言え、六十五歳で飛び込んで行った自分の言動には、十四年経った今でも、想像すら及ばない程の驚きを禁じ得ません。あの日から昼夜を問わず、〈**数え宇多**〉は、瞬間の息づかい同様、智超法秘伝の〈**光呼吸**〉と共に、光と化した地球を、新人類として生きる、私にとっては、生命綱になっています。

カセットテープで〈**数え宇多**〉を聴きながら、光の源の大計画、知球暦、光元年、Ｐａｒｔ１から４迄のご本を、読み進めますと、部屋全体が、あたかも、妖精が舞う、〈**光場**〉となり、ご本のお言葉の一つひとつが、魂に沁み入ります。
閃き（インスピレーション）が、研ぎ澄まされた私の水辺で、〈**英知**〉となって、湧き上がって来ます。光の源よりの直系のご使者、救い主、知抄の〈**至純、至高なる黄金の光**〉を受けとめ、〈**光人**〉として、〈**大地を受け継ぐ者**〉としての使命遂行に生命を注ぎます。

二十一世紀を生きる人類にとって、人間が光と化した地球に適応出来る、唯一の光への道しるべ、智超法秘伝〈**数え宇多**〉の公表を喜びとし、光の源、創造界に在られる救い主、知抄の光へ、知抄先生へ感謝を捧げます。

地球存亡、人類存亡をかけて、今、地上に降臨されている、実在する知抄の光の威力に気付いたお方から、光の地球に同化して、共に、新人類として歩んで参りましょう。

この発刊にご協力、ご支援を頂きました、関係者の皆様に、心より感謝申し上げます。

二〇一五年　七月　十五日

光人〈ヒカリビト〉　O・R 記

☆人間とは、

本来　光そのものです。

ヒカリビト〈光人〉生誕

1998年10月3日 岩間ホールにて 撮影
光の子が セミナーで談話中〈光そのもの〉になる
連続写真の1枚です。

☆

光の源よりのメッセージ

素晴らしき仲間の詩(うた)

光の古里(ふるさと)　後にして
地上目指して　幾世層(いくせいそう)
地球浄化の　礎(いしずえ)と
素晴らしき仲間　今ここに
光の剣(つるぎ)を　共に抜き
結びし誓い　熱き思い

輝く光に　全て捧げ
素晴らしき仲間　ここに集う（つど）

揺るぎなき心　蘇る（よみがえ）
平和のために　生命（いのち）注ぐ
全てを照らして　進む道
素晴らしき仲間　光の友

台風十二号到来の中で
一九九五年　九月　十七日　受託

智超法秘伝

数(かず)え宇(う)多(た)

一　いちに　決断　Chi－sho(知抄)の光

二　にに　ニッコリ　喜び　賛美

三　さんで　サッササと　感謝を　捧げ

四　よんで　良い子　光の子

五　ごうで　GO！　GO！　光を放ち

六　むは　無口で　実践　感謝

七　ななは　Night(ナイト)　&(アンド)　Day(デイ)も　サラサラと

八　やあは　ヤッサ　ヤッサで　Be young（ビーヤング）

（身も心も　Be young）

九　ここは　ここまで来ても　永遠なる学び

（謙虚（けんきょ）　謙虚（けんきょ）で　キョン　キョン　キョン）

十　とうは　トウで成る　成る　光の地球

（スーレ　スーレ　光の源（もと）へ）

喜び　賛美　感謝　スーレ

喜び　賛美　感謝　スーレ　スーレ

喜び　賛美　感謝　スーレ

スーレ　スーレ　光の源（もと）へ

1994年 7月20日　宇宙意識への階梯　幸せになるために
☆〈指帰の宇多〉出　版

1995年 7月31日　宇宙からのメッセージ
～ 8月12日　**〈光の落としもの N.Y.写真展〉**
ニューヨーク日本クラブギャラリーにて

1995年 9月23日　素晴らしき仲間の集い　開催
・24日　横浜　新都市ホールにて **(金粉降る)**

1995年12月 1日　〈Salon de Lumière〉
サロン・ド・ルミエール　オープン
〈光の子〉の養成始まる

1996年 2月10日　**救い主の御魂であることの**
告知を受託　(宇佐市・大許山にて)

1996年 7月11日　**光の源 直系のご使者**
救い主　知抄の光の降臨

1997年 3月21日　地球を救う〈実在する光〉写真展
～ 3月31日　銀座4丁目角　日産銀座ギャラリー

1998年 3月20日　地球を救う〈知抄の光〉写真展
～ 4月 5日　銀座4丁目角　日産銀座ギャラリー

1998年 3月20日　智超法秘伝 第一巻 高級内丹静功の最奥義
宇宙の叡智が証す21世紀へのパスポート
☆〈新気功瞑想法〉出　版

1998年 3月20日　智超法秘伝 第二巻　究極の天目開眼
気功瞑想法上級編収録
☆〈新智超法気功〉出　版

≪ 知抄　光の足跡（そくせき） ≫

1989年　万里の長城にて、啓示を受ける

1990年　智超法秘伝と知抄の名称を受託

1990年10月　〈 智超法気功 〉教室開講

1990年11月　智超法秘伝　第一巻 気で悟る
☆〈 気 功 瞑 想 法 〉出　版

1990年11月　天目開眼功法　智超法秘伝　初公開
グラスゴー市、ロイヤルコンサート
ホールに於いて（イギリス）　**（光になる）**

1991年 5月　智超法秘伝　公開表演
ソルトレイク市　キャピタルシアター
に於いて　（アメリカ）　**（光になる）**

1991年11月　智超法秘伝　公開表演
ボルドー市　アンドレ・マルロー
劇場に於いて　（フランス）　**（光になる）**

1992年 3月　智超法秘伝　本邦　初表演
丸の内、日本工業倶楽部に於いて
（光になる）

1992年10月　智超法秘伝　第二巻 気功瞑想法上級編収録
☆〈 智 超 法 気 功 〉出　版

1993年 3月　智超法秘伝　公開表演
丸の内、日本工業倶楽部に於いて
（光になる）

2011年 7月11日　　光の源の大計画 Part 1
☆〈知球暦　光元年〉 出版

2011年 9月18日　　地球を救う〈知抄の光〉写真展
～ 9月25日　　日産ギャラリー　サッポロ銀座ビル9階

2012年10月10日　　知抄の光で統一成る
知球暦　光三年を迎える

2012年11月20日　　光の源の大計画 Part 2
知球暦　光三年　出版
☆〈人類の思考が停止する日〉

2013年10月 5日　　光の地球 知抄の光と共に
〈光に成って歩もう〉セミナー

2013年11月 5日　　光の源の大計画 Part 3
知球暦 光四年 知の時代の到来 出版
☆〈新人類の生誕〉

2013年12月23日　　実在する知抄の光と共に
〈光に成ろう〉セミナー

2014年 4月29日　　地球を救う 知抄の光と共に
〈光の地球に同化しよう〉セミナー

2014年 7月13日　　実在する知抄の光と共に
〈光生命体に成る〉セミナー

1998年 3月20日　智超法秘伝 第三巻　実在する光と共に
気功瞑想法超能力・アデプト編
☆ 地球を救う〈 知抄の光 〉出 版

1999年 2月10日　智超法秘伝 第四巻　永遠なる光の道
肉体マントを光のマントへ
☆ 地球を救う〈 実在する光 〉出 版

1999年 2月25日　智超法秘伝 第五巻
キリスト意識への階梯 純粋・透明な光
☆ 地球を救う〈 光 の 子 〉出 版

1999年 3月20日　地球を救う〈 光のいとし子 〉写真展
～ 4月 4日　銀座4丁目角　日産銀座ギャラリー

1999年 3月25日　智超法秘伝 第六巻 妖精と光人の威力
☆ 地球を救う〈 光のいとし子 〉出版

1999年 3月25日　智超法秘伝 第七巻 地球浄化の礎の光
☆ 〈 地上に降りた救い主 〉出 版

2001年 4月22日　**地球は光と化す**（与那国の海底遺跡にて）
人類の思考が停止し 始める

2010年10月10日　**地 球 は 知 抄 の 光 で 統 一**
知 球 暦　 紀 元 光 元 年

2010年10月10日　祝 智超教室　20周年
す ば ら し き 仲 間 の 集 い

2010年10月11日　20周年記念セミナー
地球を救う〈知抄の光と共に〉

2015年 9月 8日　　光の源の大計画 Part 5
知球暦　光六年　出　版
☆〈 幸せを呼ぶ　数え宇多 〉

2015年10月10日　　祝　智超法気功・智超教室
２５周年記念セミナー　開 催
みらいホール（横浜みなとみらい）にて

2015年12月23日　　祝　２５周年記念
素晴らしき仲間の集い

〜〜〜〜〜〜〜〜〜〜〜〜〜〜〜〜〜〜〜〜〜〜

サロン・ド・ルミエール
光の写真展示場　☆（非公開）

住　所：〒240-0013　横浜市保土ヶ谷区帷子町 1-3
インテリジェントビル 201・301
連絡先：〒220-8691　横浜中央郵便局　私書箱145号
智 超 教 室　宛
Office：〒240-0013　横浜市保土ヶ谷区帷子町 1-31
ヴェラハイツ保土ヶ谷　303
TEL・FAX　045-332-1584

但し、ご連絡はFAX又は私書箱宛
☆ URL： http://www.chi-sho.com/

2014年10月 5日　　知抄の光を浴びて
〈光そのもの〉になる　セミナー

2014年11月 5日　　**光の源の大計画 Part 4**
知球暦　光五年　出　版
☆〈**地球人類は光命体になる**〉

2014年11月29日　　智超法秘伝
〈**光生命体に成る**〉セミナー

2015年 2月11日　　実在する知抄の光の威力
〈**光生命体への引き上げ**〉セミナー

2015年 4月 5日　　〈シニア元気教室〉　オープン

2015年 4月29日　　実在する知抄の光と共に
〈**光の地球に適応しよう**〉セミナー

2015年 7月 4日　　地球を救う知抄の光と共に
〈**大地を受け継ぐ者としての確立**〉セミナー

2015年 7月29日
☆☆

オーディオブック　出版
光の源の大計画　Part 1
〈知球暦　光元年〉
オーディオブック配信サービス・FeBe（フィービー）
http://www.febe.jp

光の源の大計画 Part 5
知球暦　光六年
幸せを呼ぶ 数え宇多

2015年９月８日　初版第１刷発行

著　者／知　抄
発行者／韮澤 潤一郎
発行所／株式会社たま出版
〒160-0004 東京都新宿区四谷 4-28-20
☎03-5369-3051（代表）
http://tamabook.com
振替　00130-5-94804
印刷所　株式会社エーヴィスシステムズ

ISBN978-4-8127-0383-0 C0011